Denis Murray

Consumo indevido de substâncias na adolescência Em busca de soluções

Denis Murray

Consumo indevido de substâncias na adolescência
Em busca de soluções

ScienciaScripts

Imprint

Any brand names and product names mentioned in this book are subject to trademark, brand or patent protection and are trademarks or registered trademarks of their respective holders. The use of brand names, product names, common names, trade names, product descriptions etc. even without a particular marking in this work is in no way to be construed to mean that such names may be regarded as unrestricted in respect of trademark and brand protection legislation and could thus be used by anyone.

Cover image: www.ingimage.com

This book is a translation from the original published under ISBN 978-3-330-32085-7.

Publisher:
Sciencia Scripts
is a trademark of
Dodo Books Indian Ocean Ltd. and OmniScriptum S.R.L publishing group

120 High Road, East Finchley, London, N2 9ED, United Kingdom
Str. Armeneasca 28/1, office 1, Chisinau MD-2012, Republic of Moldova, Europe
Printed at: see last page
ISBN: 978-620-7-27812-1

Conteúdo

Lista de termos

AA:	Alcoholics Anonymous
ACRA:	Adolescent Community Reinforcement Programme
ADHD:	Attention Deficit Hyperactivity Disorder
Benzo's:	Benzodiazepines
CAF:	Common Assessment Framework
CAMHS:	Child & Adolescent Mental Health Service
CBT:	Cognitive Behavioural Therapy
DML:	Dublin Mid-Leinster
EWO:	Education Welfare Officer
Facebook:	Social Networking Website
GIRFEC:	Getting it Right for Every Child
GP:	General Practitioner
Hash:	Cannabis
HIPE:	Hospital In-patient Enquiry
HSE:	Health Service Executive
I:	Interviewee (i.e., I.1=Interviewee number 1)
ISPCC:	Irish Society for Prevention of Cruelty to Children
JLO:	Juvenile Liaison Officer
MDFT:	Multi-dimensional Family Therapy
MI:	Motivational Interviewing
NA:	Narcotics Anonymous
NACD:	National Advisory Committee on Drugs
OECD:	Organisation for Economic Co-operation & Development
Q:	Questionnaire (i.e., Q.3= questionnaire number 3)
QuADS:	Quality standards in Alcohol & Drug Services
SFP:	Strengthening Families Programme
WHO:	World Health Organisation
Yot's:	Youth offending teams

CAPÍTULO 1

Introdução

1.1 Introdução

A adolescência é um período de transição que envolve a procura de sensações e a experimentação de comportamentos de risco, incluindo o abuso de substâncias. A capacidade dos profissionais para identificar factores de risco para os jovens numa fase inicial da sua trajetória de risco é um elemento central de qualquer abordagem de intervenção. No que se refere à utilização abusiva de substâncias e à experimentação, os factores de risco incluem características individuais, dinâmicas familiares, influências dos pares e contexto social/ambiental. Esta investigação explora a compreensão que os profissionais têm dos factores de risco para a utilização indevida de substâncias pelos jovens e as suas abordagens à intervenção. O estudo enquadra-se no contexto da teoria e da prática do apoio à família.

1.2 Justificação

A lógica subjacente à investigação decorre de uma revisão de 36 novas referências a um serviço de tratamento de dependência adolescente durante 2012, o que reflectiu um aumento de 39% em 2011 e é o maior número de novas referências registadas em qualquer ano desde que o serviço foi criado em 1997. O recorde anterior foi registado em 1998, quando o serviço teve 33 novos encaminhamentos. Para além dos novos encaminhamentos, o serviço recebe anualmente reencaminhamentos, bem como trabalha com pessoas que se encontram em situação de compromisso contínuo. Algumas das características significativas e tendências preocupantes que se fazem sentir nos últimos encaminhamentos dizem respeito à fraca frequência escolar e ao endividamento, o que leva a que as famílias sejam intimidadas pelos traficantes de droga e a um aumento do número de jovens que fogem de casa devido ao aumento das dívidas de droga. O endividamento diz respeito principalmente à cannabis/erva e a montantes que variam entre 50 e 3600 euros. Todos os jovens eram conhecidos de vários serviços, mas, na maioria dos casos, nenhum desses serviços estava envolvido no encaminhamento. Consequentemente, coloca-se a questão de saber como é que a utilização abusiva de substâncias não foi identificada ou como é que foi dada prioridade numa fase anterior. O objetivo da investigação é averiguar algumas das razões pelas quais os profissionais podem não identificar ou dar prioridade a questões relacionadas com a utilização indevida de substâncias pelos jovens.

1.3 Hipóteses

As hipóteses a explorar no âmbito da investigação incluem a consideração de que alguns profissionais não estão conscientes do grau de envolvimento dos jovens na utilização indevida de substâncias e não perguntam sobre isso no decurso da sua interação com eles. Em segundo lugar, é possível que exista um elevado nível de tolerância em relação a algumas categorias de consumo indevido de substâncias, principalmente tabaco, álcool e canábis entre os jovens, por parte dos adultos, incluindo os profissionais de algumas comunidades, em especial as que foram gravemente afectadas pelo consumo de heroína no final da década de 1990 e no início de 2000. Além disso, a terceira hipótese é a de que pode ser difícil para os profissionais distinguir a fase inicial da utilização indevida de substâncias entre os jovens com distúrbios de conduta, distúrbios de défice de atenção ou impulsividade, uma vez que os comportamentos são semelhantes no que se refere à utilização indevida de substâncias.

1.4 Metas e objectivos

O objetivo geral deste estudo e as questões colocadas no âmbito da investigação relacionam-se com a compreensão que os profissionais têm dos factores de risco para a utilização indevida de substâncias pelos jovens; explorar até que ponto discutem questões relacionadas com a utilização indevida de substâncias com os jovens e determinar que acções podem tomar se tiverem preocupações com um jovem em relação à utilização indevida de substâncias. Os objectivos da investigação consistiam em recolher dados relacionados com a questão de investigação através da utilização de questionários e entrevistas semiestruturadas e em analisar os resultados em relação às tendências de encaminhamento para tratamento, a fim de identificar as intervenções que poderiam ser desenvolvidas. Pretende-se que os resultados da investigação possam informar a prática e a política no âmbito do serviço de tratamento associado a este estudo, de forma a encorajar os profissionais de outros serviços a considerarem a intervenção precoce e o encaminhamento dos jovens que se envolvem em consumo indevido de substâncias. Além disso, os resultados da investigação podem ter o potencial de informar a prática de profissionais noutras áreas e, possivelmente, de investigação adicional.

1.5 Metodologia

Os métodos de investigação envolveram a utilização de questionários anónimos e entrevistas semiestruturadas. Os questionários permitiram obter respostas individuais e evitaram o viés de prestígio na resposta às perguntas. As entrevistas semi-estruturadas foram realizadas com um membro de cada profissão que se nomeou a si próprio e foi depois selecionado aleatoriamente para representar o seu grupo profissional. O formato semiestruturado das entrevistas deu aos profissionais a oportunidade de aprofundar o tema de uma forma que reflectisse a sua prática e experiência. O quadro de análise aplicado neste estudo é indutivo, o que implica uma comparação constante dos dados para descobrir padrões e temas.

1.6 Organização da dissertação

Este capítulo define o cenário da investigação, delineando os objectivos e a metodologia. O Capítulo 2 apresenta uma panorâmica da literatura relevante relacionada com este estudo. O capítulo três define a lógica e os objectivos do estudo e fornece informações relativas à conceção e à metodologia da investigação. O capítulo quatro apresenta uma descrição da agência envolvida neste estudo e o contexto em que se insere. O capítulo cinco apresenta os resultados da investigação através de gráficos, quadros e excertos das transcrições das entrevistas. O sexto capítulo analisa as conclusões, reflectindo sobre a forma como os resultados se relacionam com a literatura sobre o tema. Em conclusão, o Capítulo Sete apresenta recomendações baseadas em temas emergentes da investigação, informados pela revisão da literatura.

CAPÍTULO 2
Revisão da literatura

2.1 Introdução

Antes de ser possível conceber um estudo de investigação que explore a compreensão dos profissionais sobre os factores de risco e de proteção associados ao consumo indevido de substâncias pelos jovens, é essencial examinar a literatura existente sobre o tema, a fim de identificar o que já foi escrito sobre o assunto e descobrir o que outras pessoas fizeram que seja pertinente para a questão de investigação. Este capítulo apresenta uma panorâmica da literatura relevante relacionada com este estudo. O cenário é definido com uma definição ampla de apoio familiar, seguida de uma exploração dos factores de risco e de proteção relacionados com a utilização indevida de substâncias, centrando-se depois a atenção na avaliação do risco e na prestação de serviços.

2.2 Apoio à família

O apoio à família não é fácil de definir e é visto como um "termo genérico que abrange um vasto leque de intervenções que variam ao longo de uma série de dimensões, de acordo com o seu grupo-alvo" (McKeown, 2000, p.4). A definição mais prática e viável de apoio à família, que pode ser utilizada em diferentes contextos, é apresentada nos escritos de Dolan, *et al.* (2006), que apresentam uma definição de apoio à família influenciada pela teoria do apoio social. No âmbito desta teoria, é dada ênfase a uma abordagem ecológica, que reconhece os factores externos que influenciam o comportamento da família e o desenvolvimento da criança (Chaskin, 2008). Além disso, a ênfase é colocada na construção de apoios sociais e no capital social, que é visto como as relações, a confiança, a organização social e a sinergia produtiva que sustentam a comunidade (ibid. p.72). Além disso, é dada ênfase à capacidade das pessoas para darem respostas de ajustamento e adaptação em circunstâncias de stress, o que é designado por resiliência (Dolan, 2008). Adicionalmente, é dada ênfase à teoria da vinculação e aos benefícios para as crianças da formação de uma vinculação segura, uma vez que proporciona uma sensação de segurança enquanto começam a explorar o mundo e a desenvolver laços sociais. Entende-se que a vinculação insegura na infância constitui uma ameaça ao bem-estar psicológico numa fase posterior da vida (Organização Mundial de Saúde, 2004). Para além de fornecerem uma definição e um conjunto de princípios que informam o apoio à família, Dolan, *et al.* (2006) convidam os profissionais a envolverem-se numa prática reflexiva que envolve "verificar e mudar a prática à luz da aprendizagem da experiência passada (reflexão sobre a ação) através da improvisação durante o curso das intervenções" (Department of Health and Children, 2007, p. 39).

A definição de apoio à família divide-se em sete componentes relacionadas com um estilo de trabalho baseado em princípios operacionais e práticos. Estas incluem uma vasta gama de actividades e tipos de serviços, incluindo programas integrados que combinam os sectores público, voluntário, comunitário e privado. As redes sociais informais são reforçadas de forma positiva e é dada prioridade à orientação para populações vulneráveis difíceis de alcançar. No âmbito do modelo, é realçada a intervenção precoce e a promoção e proteção da saúde, do bem-estar e dos direitos de todos os indivíduos, famílias e comunidades. A abordagem é apoiada por dez princípios práticos, incluindo o trabalho em colaboração e a abordagem de parceria; a adequação da intervenção às necessidades; o bem-estar da criança; o reforço dos apoios informais e a promoção da inclusão; a acessibilidade; a flexibilidade e a auto-advocacia. Especificamente, o princípio prático número quatro diz respeito à resiliência, afirmando que "os serviços de apoio à família reflectem uma perspetiva baseada nos pontos fortes que tem em conta a resiliência como uma caraterística da vida de muitas crianças e famílias" (Dolan, *et al*. 2006, p.17). Desenvolvendo o trabalho de Dolan, *et al*. (2006), o Fórum Nacional do Centro de Recursos Familiares estabeleceu seis princípios de prática para trabalhar com famílias com base em: participação; igualdade; consciencialização; intervenção precoce; baseada em pontos fortes e advocacia (Family Support Agency, 2013).

2.3 Factores que influenciam o abuso de substâncias pelos jovens

2.3.1 *Factores de risco e de proteção*

Os factores de risco e de proteção podem ser vistos como identificadores da saúde individual, familiar, comunitária ou social (Naidoo & Wills, 2009). Os factores de risco são preditores da probabilidade de um indivíduo ou grupo se envolver em actividades que conduzam a consequências adversas. Por outro lado, considera-se que os factores de proteção diminuem a perspetiva de resultados adversos. Em relação à utilização abusiva de substâncias, observa-se que os factores de risco e de proteção existem em igual medida em diferentes contextos, incluindo no indivíduo, na família, no grupo de pares, na comunidade e na escola (Hemphill, *et al*. 2011, pp.312-313).

As questões e tendências relacionadas com o consumo indevido de substâncias desenvolvem-se normalmente na fase de transição da adolescência, quando os jovens começam a procurar orientação junto dos seus pares, estão menos sujeitos à autoridade parental e são mais propensos a adotar comportamentos de risco (Hempill, *et al*. 2011; Arteaga, *et al*. 2010). A investigação indica que alguns jovens estão a começar a consumir álcool e drogas mais cedo do que muitos adultos suspeitam (Peterson, 2010; Fisher, *et al*. 2006). É referido que o consumo de substâncias durante a adolescência, especialmente antes dos 15 anos de idade, pode levar à sua continuação numa fase posterior da vida (Goldberg, 2012). Considera-se que 10% dos adultos irlandeses do sexo masculino e cerca de 5% dos adultos irlandeses do sexo feminino que bebem desenvolverão problemas graves relacionados com o álcool (Barry, 2010, p.178).

Muitos jovens experimentam substâncias ilícitas, como a canábis, o ecstasy, as anfetaminas, a cocaína e a heroína, mas há relatos de que muito poucos se tornam efetivamente dependentes e que o álcool continua a representar a principal e mais perigosa substância de abuso, contribuindo para o peso global da doença (Organização Mundial de Saúde, 2007). Um estudo que examinou a natureza da associação entre o início precoce do consumo de álcool e o abuso em adultos revelou que as pessoas que bebem regularmente antes dos 21 anos de idade têm uma maior taxa de dependência do álcool (Guttannova, *et al.* 2011). As consequências do abuso do álcool incluem o aumento da agressividade, doenças físicas e psiquiátricas, ferimentos, sexo não seguro e défice cognitivo (Organização Mundial de Saúde, 2007). Os dados do esquema Hospital In-Patient Enquiry (HIPE) mostram que um quarto de todas as overdoses não fatais envolveu jovens entre os 15 e os 24 anos (Mongan, 2012). A cannabis é considerada a substância ilegal mais frequentemente consumida na Irlanda (Long & Horgan, 2012) e o consumo de cannabis entre os adolescentes está a tornar-se tão socialmente aceitável como o tabaco e o álcool (Godeau, *et al.* 2007). Estima-se que cerca de 4% da população adulta mundial consome canábis (Goldberg, 2012). Um estudo que avaliou o desempenho de 104 consumidores de canábis revelou que o consumo de canábis antes dos 15 anos de idade inibe o funcionamento do cérebro e pode contribuir para a depressão e a psicose (Fontes, *et al.* 2011).

2.3.2 *Factores de risco e de proteção individuais*

Entende-se que os jovens com doenças como a perturbação de défice de atenção e hiperatividade (PHDA), perturbação de conduta, perturbação bipolar ou impulsividade correm um risco acrescido de desenvolver problemas relacionados com o abuso de substâncias e outras formas de comportamentos anti-sociais (Kilgus & Pumariega, 2009; Herman-Stahl, *et al.* 2006). Também se considera que os jovens com disposições sensíveis e vulneráveis são mais propensos a consumir álcool na pré-pubescência (Goldberg, 2012; Coleman, 2011). Além disso, pensa-se que a impulsividade pode desempenhar um papel na determinação da diferença entre o consumo experimental ou recreativo de drogas e a dependência (Moeller, *et al.* 2002, p.8). Um relatório do CAMHS identifica que pode ser difícil distinguir a utilização indevida de substâncias na fase inicial dos comportamentos associados a perturbações de conduta, perturbações de défice de atenção ou impulsividade (HSE, 2011a).

Tendo em conta o estatuto económico e a idade, ser rapaz, fumar tabaco, beber álcool e ter estado embriagado aumenta a probabilidade de consumo de cannabis (Godeau, *et al.* 2007, p.28s). Além disso, a investigação sugere que os jovens que consomem regularmente cannabis têm mais probabilidades de experimentar outras drogas do que os consumidores recreativos e, consequentemente, a prevalência do consumo de drogas ao longo da vida aumenta (Mayock, 2000, p.93). Se um jovem sentir que o consumo de uma substância é agradável e não tem consequências negativas, é provável que não se aperceba dos riscos relacionados com esse consumo (Chabrol, *et al.* 2006). Um inquérito realizado pelo ISPCC (2010) a 9.746 jovens revelou que 30% dos adolescentes irlandeses afirmaram que não faz mal embebedar-se. Treadway (1989) afirma que algumas pessoas podem aprender a gerir o seu consumo de substâncias de forma controlada, mas salienta que o abuso é claramente um precursor da dependência.

As características de personalidade associadas à utilização abusiva de substâncias pelos jovens incluem: baixa auto-confiança ou estima, falta de assertividade, problemas nas relações interpessoais, promiscuidade sexual e fraca capacidade de decisão (Pumariega, *et al.* 2004). Verifica-se que muitos jovens e adultos consomem substâncias de formas que podem ser vistas como automedicação para sintomas de ansiedade, timidez, dor física e/ou emocional associada a traumas de infância ou abuso sexual (Clinical digest, 2012; Kloep, *et al.* 2001; Jarvis, *et al.* 1998). A co-morbilidade entre o consumo de substâncias e outras perturbações da saúde mental é sublinhada por Kirby, *et al.* (2008), que indicam a existência de uma forte correlação entre o consumo de substâncias, o suicídio, a depressão, o comportamento antissocial, o abandono escolar e o fraco aproveitamento escolar. Um relatório irlandês da National Suicide Research Foundation (2012) destaca o papel do álcool e das drogas em relação ao suicídio e recomenda estratégias para reduzir o acesso e aumentar a consciencialização, especialmente entre os pré-adolescentes.

2.3.3 *Factores parentais e familiares*

É geralmente aceite que os jovens beneficiam de alguma proteção contra o abuso de substâncias e outros riscos quando os pais comunicam abertamente, dão apoio emocional e monitorizam a atividade dos filhos (NACD, 2011b; Pumariega, *et al.* 2004; Mendes, *et al.* 2001). Há também um forte conjunto de provas que apoiam os benefícios da modelação parental e da desaprovação do abuso de substâncias através do estabelecimento de regras específicas, para além da restrição do acesso (Mares, *et al.* 2012; Ryan, *et al.* 2010; Pokhrel, *et al.* 2008). Outras evidências sugerem que as famílias que têm fortes crenças morais, religiosas ou espirituais ajudam a inibir ou retardar o envolvimento dos jovens com álcool ou drogas na maioria das culturas (Sussman, *et al.* 2006). Os pais que têm abordagens autoritárias e de confiança para com os seus filhos são mais bem sucedidos no incentivo à abstinência ou à minimização dos danos do que os pais cujas abordagens são autoritárias ou lazeiras (DeHann & Boljevac, 2010; Mendes, *et al.* 2001). Além disso, Menghrajani, *et al.* (2005) chamam a atenção para um estudo suíço sobre o consumo de canábis e sublinham a importância de os pais transmitirem mensagens coerentes aos jovens ao longo da adolescência. O estudo revelou que os jovens manifestaram a sua opinião sobre a necessidade de os programas de prevenção se centrarem no retardamento do início do consumo de substâncias.

Uma comparação qualitativa dos pontos de vista dos pais e dos adolescentes relativamente ao consumo de substâncias indica que os pais subestimam a influência das consequências negativas, uma vez que os jovens referiram que o facto de não quererem desiludir ou perder o respeito dos pais funcionava como um fator dissuasor (Peterson, 2010). Além disso, afirma-se que os pais sobrestimaram a influência da pressão dos pares e não tiveram em conta a cultura de aceitação do consumo de substâncias na sociedade, especialmente em relação ao álcool. Além disso, o estudo revelou que os adolescentes querem que os seus pais e outros adultos estabeleçam limites, monitorizem o seu comportamento e sejam modelos activos, expressando o "desejo de que os pais sejam pais" em vez de tentarem ser seus amigos" (ibid, pp.61-62). O Dr. Aric Sigman (2013), autor de um relatório do grupo de trabalho do Parlamento Europeu sobre a qualidade da infância, é referido por Radnedge (2013) como tendo afirmado "o equívoco fundamental de muitos europeus" de que "a introdução gradual e precoce do álcool cultivará o "consumo responsável"". Pelo contrário, ele insistiu que "a introdução precoce a uma substância que causa dependência leva a uma maior probabilidade de dependência".

A instabilidade familiar, os conflitos, os abusos físicos/sexuais ou emocionais, o abuso de substâncias por parte dos pais ou dos irmãos, a parentalidade severa, o envolvimento dos serviços sociais, a falta de controlo parental e a ausência dos pais são factores de risco conhecidos que influenciam o início precoce do consumo de substâncias (NACD 2011a; Percy, *et al.* 2008; Stein, *et al.* 1987). Um estudo de Chassin, *et al.* (2004) identificou que os jovens cuja família tem um historial de consumo abusivo de substâncias correm o maior risco de desenvolver trajectórias de vida que envolvem o consumo de substâncias. Além disso, essas famílias vivem geralmente em comunidades com menos recursos e redes de apoio do que as famílias de zonas mais abastadas e, consequentemente, as crianças que vivem nessas situações têm piores resultados (SAMSHA, 2012; Williams, *et al.* 2009; Pumariega, *et al.* 2004). Um inquérito por questionário realizado pelo ISPCC (2010) a 9.746 jovens com idades compreendidas entre os 12 e os 18 anos em escolas e centros de educação alternativa revelou que 9% das crianças são afectadas pelo abuso de álcool dos pais. A infelicidade de crescer em tais situações pode encorajar alguns jovens a procurar alívio no abuso de substâncias como forma de escapar à miséria e à pobreza extrema. A estratégia nacional de luta contra a droga para 2009-2016 identifica a necessidade de apoiar as famílias que enfrentam dificuldades com o abuso de substâncias, a fim de quebrar o ciclo e salvaguardar as crianças (Department of Community, Rural and Gaeltacht

Affairs 2009).

Low, *et al.* (2012), centrando-se nos processos sociais nas relações entre irmãos, revelaram que a influência dos irmãos mais velhos no abuso de substâncias dos irmãos mais novos pode funcionar a nível direto ou indireto, através da modelação de papéis ou do acesso a substâncias, e que o conluio entre irmãos permite a prática e a normalização de comportamentos desviantes. Considera-se que o papel das relações entre irmãos exerce maior influência nas famílias monoparentais ou reconstituídas, especialmente em termos de ajustamento emocional/social (Feinberg, *et al.* 2012; Becona, *et al.* 2012). O primeiro relatório de um estudo longitudinal nacional sobre crianças em crescimento na Irlanda, que acompanhou a vida de 8.500 crianças, revelou que as crianças em famílias monoparentais correm maior risco de sofrer de toxicodependência ou alcoolismo (Williams, *et al.* 2009). Em contrapartida, Becona, *et al,* (2012) propõem que as crianças em famílias reconstituídas sem casamento correm um maior risco de se envolverem em consumo indevido de substâncias. Independentemente da estrutura familiar, todos os estudos sublinham a necessidade de cooperação dos pais na monitorização e supervisão das crianças, bem como de terem expectativas e estabelecerem limites.

2.3.4 Influências dos pares no consumo de substâncias pelos jovens

A experimentação de substâncias raramente é um acontecimento solitário e está normalmente associada a um contexto de grupo de pares (Calfat, *et al.* 2011; Anderson, *et al.* 2009; Galaif, *et al.* 2007). Tal como referido na secção anterior, há provas de que a iniciação às substâncias ocorre frequentemente em contextos familiares, mas ter uma rede de amigos que se envolvem na utilização abusiva de substâncias e noutros comportamentos de risco aumenta a probabilidade de os jovens participarem nessa atividade. Além disso, a partilha com os pares introduz uma dimensão social no consumo de substâncias e proporciona um nível de segurança nas fases iniciais da experimentação (Heavyrunner-Rioux & Hollist, 2010; Coleman, 2011). A partilha de tabaco, álcool ou, em particular, de um "charro", de um cigarro de cannabis, pode ser uma expressão simbólica de valores partilhados e pode alimentar sentimentos de pertença e amizade entre jovens que se debatem com questões relacionadas com a identidade. Além disso, Arteaga, *et al.* (2010) identificam que o medo do isolamento social e da rejeição dos pares tem uma influência significativa no consumo de drogas e álcool pelos jovens, especialmente em circunstâncias em que o abuso de substâncias é normativo na cultura juvenil.

DeHann e Beljevac, (2010) propõem que a perceção dos adolescentes sobre o consumo de substâncias e a popularidade dos amigos está associada a um aumento do consumo. Isto é algo que é reforçado por Graham, *et al.* (2006, p.7), que fazem referência à teoria do reforço da reputação (RET), salientando que os jovens se envolverão em comportamentos de risco se acreditarem que isso irá melhorar a sua reputação ou evitar a exclusão social. Simons-Morton (2007, p.681) propõe que "uma melhor compreensão da natureza dinâmica e recíproca da influência dos pares é importante devido à proeminência da influência dos pares como fator de previsão do consumo de substâncias pelos adolescentes". De um modo geral, os jovens cujos pares ou amigos participam no ensino regular, no desporto ou noutras formas positivas de atividade recreativa têm menos probabilidades de iniciar o consumo de droga, especialmente numa idade muito jovem (Hasse & Pratschke, 2010; Mayock, 2000). Além disso, um estudo de Chabrol, *et al.* (2006) revelou que, se o grupo de pares de um jovem se opuser ao consumo de cannabis, isso pode ter uma influência protetora, uma vez que aumenta a regulação do não consumo.

2.3.5 *A influência da escola na vida dos jovens*

A informação relativa às tendências de consumo abusivo de substâncias entre os jovens no contexto escolar provém, em grande medida, dos países que participam no Projeto de Inquéritos às Escolas Europeias sobre Álcool e Outras Drogas (ESPAD) ou no Health Behaviour in School-Going Children (HBSC). Estes inquéritos são realizados de quatro em quatro anos, desde 1995 e 1998, respetivamente, junto de estudantes com idades compreendidas entre os 15 e os 16 anos. O primeiro inquérito ESPAD revelou níveis elevados de consumo indevido de substâncias entre os alunos irlandeses em idade escolar, em comparação com vinte e cinco outros países europeus (Hibell, *et al.* 1997). No entanto, o mais recente relatório do HSBC, de 2010, aponta para uma diminuição global do consumo de tabaco, álcool e canábis entre os jovens irlandeses, em comparação com inquéritos anteriores (Kelly, *et al.* 2012). No entanto, McCrystal, *et al.* (2005) apontam para o facto de que muitos dos dados sobre os comportamentos dos jovens em matéria de consumo de droga excluem os que já não frequentam a escola. A Estratégia Nacional de Luta contra a Droga 2009-2016 define planos para reduzir o número de jovens que abandonam precocemente a escola, visando os que se encontram em maior risco e assegurando a aplicação de políticas de consumo abusivo de substâncias nas escolas e o financiamento de serviços para jovens, projectos de educação alternativa e programas de desvio de jovens para apoiar os jovens em maior risco (Department of Community, Rural and Gaeltacht Affairs 2009).

Um estudo de investigação efectuado por Hasse e Pratschke (2010), que compara os alunos irlandeses que frequentam a escola e os que abandonam precocemente a escola, revela níveis mais elevados de consumo abusivo de substâncias entre os jovens que não frequentam a escola ou que estão numa educação alternativa. Estas conclusões são corroboradas por Arteaga, *et al.* (2010) que estabelece ligações entre o abandono escolar precoce, as expectativas dos pais relativamente ao sucesso dos filhos, os conflitos familiares, a instabilidade do alojamento e o facto de o jovem não gostar da escola. Propõe-se que a permanência no ensino regular proporcione um nível de proteção contra o abuso de substâncias e que a relação positiva com os professores, a experiência escolar favorável e a boa comunicação entre os pais e a escola contribuam para a retenção escolar (Hasse & Pratschke, 2010). Uma análise das respostas de 7642 alunos do 9 -11[thth] ano que participaram no inquérito californiano "Healthy Kids Survey" revelou que o apoio escolar tem uma influência significativa na redução do consumo indevido de substâncias por parte dos homens e salienta a necessidade de se concentrar numa forte interação entre as escolas, as famílias e os grupos de pares (Shekhtmeyster, *et al.* 2011). Além disso, McCrystal, *et al.* (2006) apresentam uma investigação que mostra que os jovens que frequentam o ensino regular têm níveis mais elevados de atividade em casa, passam menos tempo na rua e têm menos probabilidades de se envolverem em actividades aleatórias.

Amonini e Donovan (2006) realizaram uma investigação relacionada com as percepções morais do consumo de tabaco, álcool e canábis entre 611 jovens australianos com idades compreendidas entre os 14 e os 17 anos, revelando que a maioria encarava o consumo de substâncias como uma questão moral. Os resultados também revelaram uma maior tolerância em relação ao álcool (80%) do que ao tabaco ou à canábis (50%), o que indica um nível de tolerância e aceitação social do álcool na sociedade australiana que se reflecte no aumento dos níveis de consumo de álcool entre os adolescentes (Graham, *et al.* 2006). Também existe um elevado nível de tolerância ao álcool na Irlanda, tal como refletido no inquérito ESPAD de 2012, que indica que os adolescentes irlandeses têm uma maior propensão para o consumo excessivo de álcool (Hibell, *et al.* 2012). Propõe-se que os programas de educação e sensibilização se concentrem na moralidade, bem como nas questões de saúde, uma vez que se entende que os discernimentos morais são aprendidos e, como tal, podem ser influenciados, sugerindo que as intervenções comecem numa idade mais jovem, uma vez que "o desenvolvimento moral acelera na fase da escola primária (5-12 anos) e está quase completo aos 15 anos" (Amonini & Donovan, 2006. p. 284). No processo de encorajar o desenvolvimento moral dos jovens, é importante que eles experimentem a justiça e a equidade na sociedade. Em última análise, o reforço da tomada de decisões por parte dos jovens pode atrasar ou inibir o seu envolvimento em actividades nocivas, incluindo o abuso de substâncias.

2.3.6 Influências sociais

É geralmente aceite que os factores ambientais têm uma influência significativa na determinação da iniciação e progressão de um jovem em relação ao consumo indevido de substâncias (Mayock, 2000; Stein, *et al.* 1987). Os estudos sobre a prevalência do consumo de drogas sublinham que "quanto mais prevalente for o consumo de uma substância em qualquer país ou região, menos os jovens tendem a aperceber-se do risco de grande dano que o seu consumo representa" (Anderson, *et al.* 2009, p.194). Em tempos de recessão e de elevado desemprego, a privação e a desorganização sociais podem fazer com que os jovens se sintam desligados da sociedade, onde a continuação da educação oferece poucas esperanças para o futuro (McCrystal, *et al.* 2006). Além disso, a adversidade da comunidade, a pobreza e o desemprego são considerados os factores contextuais mais substanciais associados ao abuso de substâncias (Hempill, *et al.* 2011; Arteaga, *et al.* 2010). No entanto, Stein, *et al.* (1987, pp.1100-1101), após um estudo de oito anos sobre as múltiplas influências no consumo de droga e as consequências do consumo de droga, identificaram que as influências proximais da personalidade e do consumo anterior de droga, combinadas com as atitudes dos adultos e dos pares, são factores de previsão mais fortes do consumo problemático de droga do que as influências distais da comunidade em geral.

A investigação indica que a experiência e as percepções dos jovens sobre o apoio da comunidade e a forma como as leis que regulam o consumo indevido de substâncias são aplicadas aumentam a adesão (DeHann & Boljevac, 2010; Amonini & Donovan, 2006). Reconhece-se que as características de personalidade podem determinar quais os indivíduos que desenvolvem problemas relacionados com o consumo de substâncias, mas entende-se que as atitudes sociais determinam geralmente quais as substâncias que são toleradas (Kloep, *et al.* 2001; Pearson & Shiner, 2002; Stein, *et al.* 1987). A Alcohol Policy Youth Network (2012), uma organização criada para facilitar a reunião de clubes e organizações de jovens em toda a Europa, a fim de aumentar os níveis de participação dos jovens em questões relacionadas com o álcool, destaca provas que demonstram que o preço, a comercialização e a disponibilidade do álcool estão a ter uma influência significativa nos níveis de consumo. A preocupação com o consumo excessivo de álcool entre os jovens irlandeses é também manifestada pela Alcohol Action Ireland (2013), que sublinha que o álcool pode ser comprado a preços de bolso. De acordo com Radnedge (2013), um relatório do grupo de trabalho do Parlamento Europeu afirma que a imposição de uma idade mínima de 18 anos em relação ao álcool enviaria uma mensagem inequívoca aos jovens e à sociedade.

O Royal College of Physicians of Ireland (2013) refere que a taxa de altas por doença hepática alcoólica aumentou 247% na faixa etária dos 15 aos 34 anos entre 1995 e 2007. O facto de se verificar um aumento tão surpreendente das doenças hepáticas ao mesmo tempo que se constata que os níveis de consumo de álcool estão a diminuir parece confirmar a propensão dos irlandeses para o consumo excessivo de álcool. A exposição à publicidade e à promoção do álcool é vista como um fator de previsão do início precoce do consumo de álcool e do aumento dos níveis de consumo (Department of Health, 2012). Para além disso, é confuso quando a investigação dá a impressão de que existe um nível normal de álcool que pode ser consumido por jovens entre os 13 e os 18 anos (Dooley & Fitzgerald, 2012, p.30) e quando os jovens de 15 anos são incluídos na categoria de adultos nas estatísticas nacionais e internacionais relativas ao consumo de álcool (Department of Health, 2012; OECD, 2011). Realisticamente, a idade em que a idade adulta começa está a mudar e o período entre os 18 e os 25 anos é cada vez mais definido como a idade adulta emergente, quando os indivíduos começam a descobrir a sua identidade e são mais propensos a envolver-se em comportamentos de risco (Nelson & McNamara Barry 2005; Arnett, 2000).

2.4 AVALIAÇÃO

2.4.1 Processos de avaliação

A avaliação é vista como a via que conduz a uma intervenção eficaz, e as abordagens à avaliação têm geralmente em consideração o contexto familiar e social, o desenvolvimento da criança e a capacidade parental (Buckley, *et al.* 2007; McAuley, *et al.* 2006). Além disso, Rose, *et al.* (2006, p.286) afirmam que a eficácia das intervenções "está intimamente ligada à avaliação". Um relatório de Shannon & Gibbons (2012) sobre as mortes de 196 crianças e jovens sob cuidados estatais, cuidados posteriores ou conhecidos pelos serviços de proteção da criança na Irlanda, nos anos 2000-2010, revelou que 112 mortes foram devidas a causas não naturais. Verificou-se que 27% estavam diretamente relacionadas com drogas e que 25% envolveram suicídio, enquanto outros 15% se deveram a acidentes de viação que também podem ter envolvido o abuso de substâncias. Além disso, foi referido que muitas das crianças tinham vivido em circunstâncias em que o abuso de drogas/álcool era um problema. Por conseguinte, propõe-se que a avaliação seja fundamental para a identificação das necessidades e constitua a base de um plano de cuidados integrados (HSE, 2010).

A National Treatment Agency for Substance Misuse, do Reino Unido, propõe que "a avaliação pode ser uma intervenção útil em si mesma e proporciona uma oportunidade para os jovens reflectirem sobre as suas circunstâncias (NHS, 2007, p.10). Identificar aqueles que podem estar em risco de desenvolver problemas graves pode ajudar a reduzir a sua vulnerabilidade ao risco e pode proporcionar algum nível de prevenção em termos do número de adultos que desenvolvem problemas de abuso de substâncias (NHS, 2007). Percy, *et al.* (2008) defendem que todas as agências têm um papel a desempenhar na identificação da utilização abusiva de substâncias e que todas as avaliações têm em consideração questões contextuais. Mars, *et al.* (2012, p.803) defendem que os profissionais devem estar conscientes do potencial contributo que os pais podem dar na orientação do comportamento dos jovens, estabelecendo regras específicas. Nos casos em que existe abuso de substâncias na família, recomenda-se que os serviços de apoio aos toxicodependentes e aos alcoólicos sejam ativamente integrados no sistema de proteção das crianças e que os profissionais que trabalham com adultos que abusam de substâncias dêem prioridade às necessidades das crianças e alertem os assistentes sociais para os riscos nessas circunstâncias (NACD, 2011b; Shannon & Gibbons, 2012; Butler, 2002).

A Effective Interventions Unit, Substance Misuse Division Scottish Executive (2004, p.3), identifica a avaliação como "o núcleo da prestação de tratamento, cuidados e apoio eficazes aos indivíduos". Além disso, sublinha-se que a avaliação é um processo e não um acontecimento, e é vista como uma forma de dar sentido à vida dos jovens, a fim de informar acções e decisões que os ajudem a atingir o seu potencial. O Governo escocês (2011) propõe que "o trabalho com crianças e jovens delinquentes deve adotar os princípios de "Getting it right for every child" (GIRFEC)". Esta abordagem baseia-se na investigação e nas melhores práticas para garantir que todos os pais, cuidadores e profissionais trabalhem bem em conjunto para dar às crianças e aos jovens a melhor oportunidade na vida. O Hidden Harm Action Plan (Plano de Ação para os Danos Ocultos), estabelecido na Irlanda do Norte, identifica que nem todas as famílias que se deparam com a utilização indevida de substâncias terão problemas, mas sublinha que a avaliação de rotina ajudará a identificar aquelas que os têm (Public Health Agency, Health and Social Care Board 2009). O plano descreve as acções que podem ser tomadas para garantir que as crianças e os jovens que têm uma parentalidade comprometida recebam o apoio de que necessitam. No contexto irlandês, a Estratégia Nacional de Luta contra a Droga para 2009-2016 identifica a necessidade de orientar as medidas para o bem-estar das crianças cujos pais se dedicam ao consumo de drogas/álcool (Department of Community, Rural and Gaeltacht Affairs 2009).

Existem diferentes abordagens à avaliação e é geralmente reconhecido que o método aplicado aos jovens terá um formato diferente do aplicado às crianças, uma vez que se considera que estas vivem o mundo de forma diferente (Guddemi, & Chase, 2004). Dentro dos limites desta investigação, não é prático abranger todos os modelos de avaliação; por isso, a ênfase é colocada em três abordagens padrão que são principalmente utilizadas com jovens na Irlanda, incluindo as avaliações efectuadas pelo CAMHS, o Quadro Comum de Avaliação (CAF) e a ferramenta de avaliação Asset.

2.4.2 Serviços de saúde mental para crianças e adolescentes

Na Irlanda, os CAMHS trabalham com jovens com menos de 18 anos de idade que apresentam problemas de saúde mental, comportamentais e de desenvolvimento. Os serviços CAMHS funcionam no âmbito de uma abordagem de equipa multidisciplinar, empregando uma série de profissionais. Num relatório de 2009-2010, reconhece-se que são necessárias perspectivas multidisciplinares para oferecer uma avaliação e um planeamento de cuidados completos (HSE, 2011a). Além disso, o relatório sublinha que, em média, 1 em cada 10 crianças e adolescentes sofre de perturbações de saúde mental e que, na sua maioria, os adultos com perturbações de saúde mental têm um início antes dos 18 anos. As principais razões pelas quais os jovens são encaminhados para o CAMHS, tal como indicado pela avaliação inicial, estão relacionadas com as seguintes condições: perturbações/problemas hipercinéticos (33,1%); espetro autista (10,7%); perturbações depressivas (8,8%); perturbações de conduta (8,6%) (HSE, 2011a, secção: 4.10). De acordo com o Drugscope (2010, p.35), muitos jovens que se envolvem no abuso de substâncias têm necessidades complexas e histórias diversas, combinadas com problemas de saúde mental concomitantes e dificuldades de aprendizagem não reconhecidas, para além de problemas sociais profundamente enraizados. É por esta razão que pode ser difícil identificar o abuso de substâncias quando um jovem se apresenta ao CAMHS, uma vez que os comportamentos associados à PHDA, ao distúrbio de conduta, à depressão e ao abuso de substâncias são semelhantes (Subotsky, 2003).

2.4.3 Quadro Comum de Avaliação

O Quadro de Avaliação Comum (CAF) foi concebido como uma ferramenta de avaliação partilhada para utilização nos serviços infantis, para ajudar os trabalhadores da linha da frente em Inglaterra e no País de Gales a concentrarem-se na avaliação das necessidades dos jovens até aos 18 anos de idade, em circunstâncias em que se tenha identificado que podem ser necessárias intervenções e apoios (Drugscope, 2010). No entanto, o CAF não se destina a ser utilizado com crianças consideradas em risco ou em perigo. Nessas circunstâncias, os trabalhadores são obrigados a aderir aos procedimentos de proteção da criança (North Yorkshire Council, 2012). A expetativa da CAF é promover a identificação precoce das necessidades num quadro holístico. Um procedimento de avaliação requer o consentimento e a participação dos pais/encarregados de educação e destina-se a recolher informações básicas, incluindo a relação com os pais/encarregados de educação, bem como os recursos da comunidade. Após a conclusão da avaliação, espera-se que sejam identificados os pontos fortes e os desafios e que sejam tomadas medidas, se for caso disso. No que diz respeito ao abuso de substâncias, prevê-se que seja feito um encaminhamento para uma agência especializada no âmbito do trabalho de uma equipa multiagências e interdisciplinar.

2.4.4 Ferramenta de avaliação de activos

O Asset é uma ferramenta de avaliação bem pensada que é utilizada com todos os jovens delinquentes pelas Equipas de Jovens Delinquentes (Yots) em Inglaterra e no País de Gales (Justice, 2012). Para além de abordar o comportamento delinquente de um jovem e de recolher informações para os relatórios do tribunal, o Asset explora as atitudes e crenças dos jovens e procura identificar as influências e circunstâncias que contribuem para o comportamento, incluindo a utilização indevida de substâncias e preocupações com a saúde mental. O processo de avaliação envolve várias perguntas que têm por objetivo dar uma visão global da vida de um jovem e que podem esclarecer os relatórios do tribunal, de modo a que possam ser postas em prática intervenções adequadas (NHS, 2007). O Serviço de Reinserção Social irlandês, na sua Declaração Estratégica para 2008-2010, descreve a criação de um serviço de reinserção social para jovens 'através da implementação das secções relevantes da Lei da Criança de 2001, em conjunto com o Serviço de Justiça Juvenil irlandês e o Gabinete do Ministro da Criança' (The Probation Service 2008, p.12). Além disso, o plano identifica a necessidade de criar sistemas de avaliação e gestão dos riscos apresentados por todos os delinquentes no âmbito de um ciclo de vida.

2.5 Intervenções de tratamento

2.5.1 Abordagens de intervenção

As intervenções que comprovadamente funcionam com jovens que têm problemas de abuso de substâncias incluem a farmacoterapia, a entrevista motivacional (IM), a terapia cognitivo-comportamental (TCC), a terapia familiar e os programas de educação e formação familiar/sistémica. Todas estas intervenções podem ser aplicadas em contextos comunitários ou residenciais. No entanto, o Drugscope (2010, p.38) salienta que

a base de provas sobre o tratamento residencial para a utilização indevida de substâncias pelos jovens não é encorajadora", mas reconhece-se que os jovens com um duplo diagnóstico podem obter melhores resultados em ambientes residenciais, especialmente aqueles que são dependentes de substâncias e que estão motivados para mudar, mas que não teriam apoio suficiente na sua família ou comunidade. Argumenta-se que, para os jovens para os quais o tratamento residencial não é adequado, podem ser apropriadas outras formas de cuidados fora de casa ou de descanso (ibid, p.38).

Relatórios de programas no Reino Unido e nos Estados Unidos da América indicam que o trabalho em estreita colaboração com as famílias, os cuidadores e outras pessoas significativas melhora a comunicação e mobiliza recursos de forma a aumentar a proteção dos jovens (SAMSHA, 2012; Scottish Government, 2011). É importante salientar que Duncan e Miller (2000), citados em Larner (2004), salientam que a intervenção terapêutica é responsável por cerca de 15% do sucesso, independentemente da abordagem, e que a desenvoltura do indivíduo e os acontecimentos fortuitos são responsáveis por 40% do processo de mudança, juntamente com as expectativas e a esperança de mudança, estimadas em 15%. Acredita-se que os restantes 30% da variância que influencia os resultados estão na relação entre os terapeutas e o cliente. Para além disso, Larner (2004, p.23) sublinha que "o que funciona na terapia não é a técnica por si só, mas a sua aplicação no contexto das relações humanas". A Agência de Apoio à Família (2013, p. 37) reconhece que algumas famílias podem necessitar de apoio durante um período de tempo alargado e salienta o valor das relações terapêuticas que são "emocionalmente calorosas, atentas, reactivas, sensíveis, sintonizadas, consistentes e interessadas".

2.5.2 *Psicofarmacologia da toxicodependência na adolescência.*

O consumo abusivo de substâncias pelos jovens pode variar entre a nicotina, no extremo de baixo risco, e a heroína e a cocaína, no extremo de alto risco, envolvendo uma série de outras substâncias intermédias, como o álcool, os aerossóis, a canábis, os sedativos, os alucinogénios e outros produtos sintéticos. Nalgumas circunstâncias, existem tratamentos farmacológicos disponíveis, por exemplo, a substituição de opiáceos para tratar pessoas com problemas resultantes do abuso de heroína. No entanto, não existe nenhum tratamento farmacológico de substituição para a canábis. Em relação ao álcool, pode ser prescrito um agonista que provocaria uma reação adversa se o álcool fosse consumido e, ocasionalmente, podem ser prescritas benzodiazepinas para tratar os sintomas de abstinência (Byrne 2006, p.8). O Drugscope (2010, p.29) indica que pouco se sabe sobre a utilidade das intervenções farmacológicas para a dependência e a abstinência de drogas nos jovens. Por conseguinte, para complementar as intervenções médicas ou como alternativas, as provas sugerem que a entrevista motivacional, a terapia cognitivo-comportamental e a terapia familiar são alguns dos modelos de tratamento que provaram ser superiores (Becker & Curry, 2008).

2.5.3 *Terapia cognitivo-comportamental*

A Terapia Cognitivo-Comportamental (TCC) dá ênfase à observação partilhada e à importância de monitorizar e modificar os pensamentos automáticos, as suposições e as crenças. O objetivo é influenciar os comportamentos desadaptativos, reforçando o comportamento desejado e reduzindo a reatividade emocional a acontecimentos stressantes ou a pensamentos errados (Becks, *et al.* 1991). A abordagem com os adolescentes dá ênfase à utilização de exemplos concretos, centrando-se na confiança, nas distorções cognitivas e na aquisição de competências sociais e de resolução de problemas. O programa de tratamento é geralmente efectuado em 12 a 16 sessões semanais. Com os adolescentes, a TCC é aplicada através da utilização de entrevistas motivacionais, resolução de problemas, auto-monitorização, gestão de contingências e estabelecimento de abordagens para a prevenção de recaídas (Carr, 2010, p.85). Reconhece-se que a TCC é uma intervenção eficaz que tem aplicação numa vasta gama de problemas, mas não se compara tão favoravelmente às abordagens baseadas em sistemas com jovens que apresentam necessidades complexas (Hendriks, *et al.* 2011; Carr, 2010; Henderson, *et al.* 2010)

2.5.4 *Entrevista motivacional*

A entrevista motivacional (IM) é um estilo de aconselhamento orientado para objectivos e centrado no cliente, que ajuda as pessoas a explorar e a resolver ambivalências. É aceite que a entrevista motivacional com jovens que se encontram na fase de iniciação do consumo de drogas pode ajudá-los a refletir sobre as consequências do seu comportamento (Miller & Rollnick, 1991). O exame e a resolução da ambivalência é um objetivo fundamental deste modelo. A abordagem envolve o estabelecimento de uma relação, a escuta reflexiva e a colocação de perguntas abertas para explorar as motivações do indivíduo para a mudança, abordando simultaneamente a resistência sem confrontação e incentivando a auto-eficácia (Carr, 2010). As intervenções podem ser mais eficazes nas fases iniciais do consumo de substâncias através da sensibilização para a discrepância entre o comportamento atual e os objectivos de vida desejados (Barrett, *et al.* 2012; Jensen, *et al.* 2011).

2.5.5 *Terapia Familiar Sistémica*

Os princípios que informam a terapia familiar "transcendem as simples explicações de causa e efeito que localizam os défices no indivíduo, e incluem os aspectos do contexto do cliente no processo terapêutico que lhe permitirão gerir, resolver ou compreender melhor a sua dificuldade" (Irish Council for Psychotherapy, 2003, p.32). As metodologias de terapia familiar baseiam-se na teoria dos sistemas e são vistas como intervenções ecológicas que não se traduzem facilmente em abordagens manualizadas que possam ser aplicadas repetidamente (Larner, 2004, p.19). Do ponto de vista terapêutico, dá-se menos ênfase aos défices e à patologia e dá-se mais ênfase à valorização dos pontos fortes. No processo de procura ativa de recursos positivos, alimenta-se o potencial de cura e desenvolvimento que, de outra forma, poderia não ser reconhecido (Gilligan, 2000, p.16). A prática da terapia familiar está sujeita a diferentes perspectivas e modelos de tratamento, incluindo a Terapia Familiar Estrutural, que se centra nas fronteiras familiares e na forma como os membros se organizam em subsistemas (Minuchin, 1988). O modelo explora as coligações, as triangulações, o grau de enredamento ou de desvinculação e a forma como os indivíduos são considerados bodes expiatórios através dos processos de desvio ou deflexão. Com uma abordagem diferente, a Terapia Familiar Estratégica aborda o tratamento de forma indireta e é utilizada quando os métodos directos não funcionam. Os sintomas são vistos como "tentativas desadaptativas de lidar com as dificuldades, que desenvolvem uma vida homeostática própria e continuam a regular as transacções familiares" (Kaufman, 1988, p.121). O objetivo da terapia é juntar-se à família/sistema e conceber estratégias para resolver os problemas que se apresentam e abordar os pontos fortes, os recursos e encorajar o comportamento pró-social, as capacidades parentais positivas e as soluções, em vez de problemas ou patologia (O'Hanlon & Davis

1989).

Um estudo que comparou a Terapia Familiar Multidimensional (MDFT) com a TCC e o serviço melhorado como habitual (ESAU) revelou que a MDFT produziu melhores resultados para os jovens que apresentavam níveis elevados de consumo de substâncias combinados com co-morbilidade psiquiátrica (Henderson, *et al,* 2010). Estes resultados são corroborados por ensaios aleatórios controlados realizados nos Países Baixos, que compararam a MDFT e a TCC (Hendriks, *et al,* 2011). A MDFT é uma abordagem terapêutica de base familiar utilizada com adolescentes que se envolvem na utilização abusiva de substâncias e noutros comportamentos. A abordagem envolve a intervenção nos principais domínios da vida de um jovem, incluindo a família, os pares, a escola, o lazer e o trabalho (Liddle, *et al,* 2005). Em ambos os estudos, identifica-se que os jovens com problemas mais graves parecem beneficiar de tratamentos baseados na família, devido ao facto de a abordagem abranger uma gama mais vasta de factores de risco e envolver os pais e outros membros da família, para além de outras pessoas significativas.

O mapeamento dos efeitos de um problema em diferentes domínios e entre várias relações abre um vasto campo no qual se podem explorar alternativas únicas e estabelecer apoios (White & Epston, 1990). Neste processo, existem oportunidades para estabelecer uma comunidade de apoio entre outras pessoas interessadas (Dulwich Centre, 1990). O objetivo é melhorar o funcionamento interpessoal e familiar como fator de proteção contra a toxicodependência e problemas conexos. O objetivo da terapia é melhorar o funcionamento da família, o desempenho escolar e alcançar estes resultados com uma economia de custos, reduzindo o recurso a colocações fora de casa (Carr, 2010). Em circunstâncias em que há vários membros da família envolvidos no abuso de substâncias, propõe-se que a intervenção englobe uma perspetiva sistémica e que trabalhar a nível individual pode ser improdutivo (Low, *et al* 2012; Becona, *et al,* 2012; Percy, *et al.* 2008).

2.5.6 *Programas de educação e formação das famílias*

No trabalho com famílias que estão a ter problemas relacionados com o abuso de substâncias, existem dois programas de educação e formação que provaram ser eficazes: o programa de reforço das famílias (SFP) e a abordagem de reforço da comunidade adolescente (ACRA). O SFP foi concebido para aumentar a resiliência e reduzir os factores de risco de abuso de substâncias, abordando os problemas comportamentais, emocionais, académicos e sociais das crianças e dos jovens com idades compreendidas entre os 3 e os 16 anos (Kumpfer, 2009). Inclui três cursos de competências de vida ministrados em 14 sessões semanais de 2 horas. As sessões de competências parentais destinam-se a ajudar os pais a aprender a aumentar os comportamentos desejados nas crianças, utilizando a atenção e as recompensas, a comunicação clara, a disciplina eficaz, a resolução de problemas e a imposição de limites. As sessões com crianças centram-se nas competências para a vida e destinam-se a ajudá-las a melhorar a comunicação, a capacidade de resolução de problemas e a compreensão dos sentimentos. As sessões com as famílias centram-se em competências para a vida, actividades estruturadas, jogos infantis terapêuticos e no valor das reuniões familiares em termos de comunicação e disciplina eficaz.

O ACRA é um programa comportamental abrangente para o tratamento de problemas relacionados com a toxicodependência, baseado na convicção de que os factores ambientais desempenham um papel importante no incentivo ou desencorajamento da utilização indevida de substâncias (Meyers, *et al.* 1999). A abordagem recorre a interacções sociais, vocacionais, recreativas e familiares para apoiar intervenções protectoras e preventivas. Os objectivos desta abordagem incluem a melhoria das comunicações e o incentivo a estilos de vida mais gratificantes do que a utilização abusiva de substâncias. À semelhança do SFP, a abordagem envolve três tipos de sessões: adolescentes sozinhos, pais/cuidadores sozinhos e adolescentes e pais/cuidadores juntos. Ambos os programas suscitam preocupações no que respeita à sua transferibilidade cultural. Recomenda-se que seja utilizada uma linguagem relevante para a cultura e que as abordagens integrem normas de comportamento culturalmente aceites (Allen, *et al.* 2007). Em última análise, dar tempo ao desenvolvimento de competências sociais e emocionais é valioso para as crianças e, em particular, para os pais que podem ter dificuldades com os seus próprios problemas e podem não ter tido oportunidade de desenvolver competências adequadas para lidar com eles (SAMSHA, 2012).

2.6 Resumo do capítulo

A investigação indica que a adolescência é considerada um período em que os jovens afirmam uma independência e uma autonomia crescentes e, nesse processo, são mais susceptíveis de se envolverem em comportamentos de risco, incluindo a utilização abusiva de substâncias. Entre os que correm maior risco de desenvolver problemas relacionados com o abuso de substâncias encontram-se os jovens que têm problemas de saúde mental pré-existentes, que podem ser influenciados e exacerbados pela desorganização da família e da comunidade. Nos casos em que um jovem não tem uma forte ligação à escola ou a outras actividades pró-sociais, existe a possibilidade de se afiliar a pares que também se envolvem em comportamentos de alto risco. O nível de risco aumenta se os pais/irmãos também abusarem de substâncias ou forem permissivos em relação ao abuso de substâncias. No entanto, os riscos para os jovens podem ser atenuados se forem introduzidas intervenções de proteção. As abordagens de intervenção requerem uma avaliação, tendo em conta as questões contextuais, e são vistas como uma forma de dar sentido à vida dos jovens, a fim de informar as acções que os ajudam a atingir o seu potencial.

De acordo com os princípios de apoio à família, propõe-se que as intervenções se dirijam a uma vasta população de jovens na pré-adolescência, altura em que se prevê que os programas possam ter maior influência no comportamento posterior. Para os jovens da categoria de alto risco, a identificação precoce dos factores de risco é a melhor forma de estabelecer intervenções protectoras e preventivas. Trabalhar em estreita colaboração com as famílias, os prestadores de cuidados e outras pessoas importantes melhora a comunicação e mobiliza recursos de forma a aumentar a proteção dos jovens, especialmente em circunstâncias em que há vários membros da família envolvidos na utilização indevida de substâncias. Outras intervenções de eficácia comprovada incluem a TCC, a IM e a farmacoterapia, especialmente quando o jovem tem uma dependência de substâncias estabelecida. Em determinadas circunstâncias, pode ser necessário tratamento residencial ou cuidados fora de casa. Fundamentalmente, a boa comunicação e o bom relacionamento são fundamentais para uma intervenção eficaz a todos os níveis, para além da abordagem multidisciplinar e da coordenação e colaboração entre agências.

CAPÍTULO 3

Metodologia

3.1 Introdução

Este capítulo define a fundamentação e os objectivos do estudo e fornece informações relativas à conceção e à metodologia da investigação. A abordagem à amostragem, o consentimento e o acesso são descritos, para além das questões éticas. Os métodos aplicados na análise dos dados são discutidos e as questões relacionadas com a validade e a fiabilidade do estudo são abordadas juntamente com os pontos fortes e as limitações.

3.2 Fundamentação e objectivos

A compreensão e a resposta dos profissionais ao consumo indevido de substâncias pelos jovens podem determinar ou influenciar a manutenção do envolvimento de um indivíduo ou de um grupo nessa atividade. Tal como identificado na revisão da literatura, observa-se que os factores de risco e de proteção existem em igual medida em diferentes contextos (Hemphill, *et al.* 2011). De acordo com Wei, *et al.* (2011, p. 278), sugere-se que "à medida que os adolescentes melhoram as suas capacidades de lidar com a situação e os apoios sociais, a sua motivação para reduzir o consumo de substâncias também aumenta". Pretende-se que esta investigação informe a prática dos profissionais que trabalham com jovens que se envolvem no consumo indevido de substâncias, destacando os factores de risco e as intervenções de proteção. Espera-se que os riscos de alguns jovens desenvolverem problemas relacionados com a utilização indevida de substâncias ou de se tornarem dependentes de substâncias possam ser reduzidos, especialmente nas comunidades abrangidas por este estudo.

De acordo com Gilligan (2000, p.13), a proteção da criança e o apoio à família consistem em reunir todos os apoios possíveis para o desenvolvimento normal das crianças no contexto em que vivem as suas vidas. Isto inclui as influências da sociedade em geral, para além da família, quando se considera o âmbito da intervenção (Chaskin, 2006). O raciocínio subjacente a este projeto de investigação decorre de uma análise dos novos encaminhamentos para um serviço de tratamento de toxicodependências para adolescentes durante 2012, representando 36 encaminhamentos para tratamento e reflectindo um aumento de 39% em relação a 2011, quando o serviço teve 26 novos encaminhamentos. É o número mais elevado de novos encaminhamentos registado desde que o serviço foi criado em 1997. O anterior máximo registou-se em 1998, quando foram recebidas 33 novas consultas.

Por exemplo, um jovem de 14 anos foi encaminhado na sequência de um internamento hospitalar após ter sido encontrado inconsciente num local público. Noutra situação, uma família apresentou-se depois de ter desocupado a casa onde vivia há dezoito anos porque estava a ser ameaçada de pagar dívidas de droga do filho de 15 anos. As circunstâncias de um outro caso referem-se a um jovem de 14 anos com um historial de três anos de consumo de cannabis, encaminhado devido a uma fuga ligada a dívidas. Este jovem foi introduzido no consumo de canábis por um dos pais que estava ligado a serviços de tratamento de toxicodependência para adultos. Vários outros serviços estavam ligados a este jovem e à sua família, mas nenhum deles participou no encaminhamento. Outros dois jovens tiveram de ser reacomodados fora da comunidade, no seio da família alargada, devido a endividamento e intimidação.

De um modo geral, a questão do endividamento por causa da droga foi uma caraterística significativa das queixas apresentadas em 2012, com alguns jovens a acumularem dívidas entre 50 e 3600 euros. Os pais referem que estão a pedir empréstimos a prestamistas a taxas de juro elevadas para pagar as dívidas de droga dos filhos. Em relação à frequência escolar, apenas 22% (n=8) dos novos casos estavam a frequentar a escola, como seria de esperar, e 50% (n=18) foram expulsos ou abandonaram a escola. Consequentemente, coloca-se a questão de saber como é que o consumo/abuso de substâncias não foi identificado ou não foi considerado prioritário numa fase anterior. O objetivo da investigação é averiguar algumas das razões pelas quais os profissionais podem não identificar ou dar prioridade a questões relacionadas com o consumo indevido de substâncias pelos jovens numa fase mais precoce e determinar o que poderiam fazer de diferente para reconhecer questões relacionadas com o consumo indevido de substâncias pelos jovens numa fase mais precoce.

<u>Os principais objectivos da investigação são:</u>

1. Verificar a compreensão dos profissionais sobre a natureza e a extensão do consumo indevido de substâncias pelos jovens e os factores de risco associados ao início precoce do consumo indevido de substâncias.

2. Determinar em que medida os profissionais discutem com os jovens questões relacionadas com a utilização abusiva de substâncias e que acções poderiam tomar se tivessem preocupações com um jovem em relação à utilização abusiva de substâncias.

3. Analisar os resultados em relação às tendências de encaminhamento para tratamento.

4. Identificar as intervenções protectoras e preventivas que podem ser desenvolvidas para reduzir a vulnerabilidade dos jovens a riscos ou danos relacionados com a utilização indevida ou a dependência de substâncias.

5. Informar a prática e a política no âmbito dos serviços de tratamento da toxicodependência na adolescência, de forma a incentivar os profissionais de outros serviços a considerarem a intervenção precoce e o encaminhamento para tratamento

dos jovens que se envolvem em toxicodependência.

6. Informar a política da agência e a investigação futura.

As hipóteses exploradas no âmbito da investigação incluíam a consideração de que alguns profissionais não estão conscientes da medida em que os jovens se envolvem na utilização indevida de substâncias, especialmente numa idade precoce. Em segundo lugar, existe a possibilidade de haver um elevado nível de tolerância em relação a algumas categorias de consumo indevido de substâncias, principalmente o álcool e a canábis entre os jovens, por parte dos adultos, incluindo os profissionais de algumas comunidades, em especial as que foram gravemente afectadas pelo consumo de heroína no final da década de 1990 e no início de 2000. Além disso, a terceira hipótese é que pode ser difícil para os profissionais distinguir a fase inicial da utilização indevida de substâncias entre os jovens que têm um diagnóstico pré-existente de perturbação da conduta, perturbação de défice de atenção ou impulsividade, uma vez que os comportamentos são semelhantes aos da utilização indevida de substâncias.

3.3 Conceção da investigação

A população-alvo da investigação incluía profissionais que trabalham em organizações voluntárias, comunitárias e estatutárias numa área de influência específica dos subúrbios do sudoeste da cidade de Dublin. Foram identificadas e contactadas 54 organizações e grupos profissionais. Os grupos profissionais incluíam: professores, funcionários de ligação com a escola em casa, funcionários da educação e da assistência social, assistentes sociais, assistentes de juventude, trabalhadores de proximidade, trabalhadores de assistência social, instrutores de educação/formação alternativa, enfermeiros, trabalhadores de proximidade, conselheiros de toxicodependência/genéricos, conselheiros de juventude, psiquiatras, psicólogos, trabalhadores de apoio à família, funcionários de ligação juvenil e agentes de liberdade condicional. Estas profissões foram escolhidas porque o seu trabalho as coloca em contacto regular com os jovens e as famílias.

A abordagem à recolha de dados envolveu métodos mistos através da utilização de questionários e entrevistas semi-estruturadas que foram realizadas em simultâneo. Estes métodos foram aplicados porque se entende que nem todos os estudos se enquadram perfeitamente numa metodologia e que uma abordagem combinada pode compensar os pontos fracos de cada abordagem (Hewitt Taylor, 2011; Robson, 2011; Thomas, 2011). Considera-se que uma abordagem pragmática da investigação se centra no "que funciona" e na importância das questões colocadas e não nos métodos (Creswell & Plano Clark, 2007, p. 23). O questionário foi concebido para recolher informações quantitativas relacionadas com a questão de investigação e as entrevistas permitiram ouvir a voz dos participantes. A fusão e a análise de ambos os conjuntos de dados permitiram uma conceção triangulada baseada na complementaridade entre as abordagens, uma vez que as entrevistas melhoraram os resultados do inquérito na sua descrição das questões relacionadas com o tema da investigação (Creswell & Plano Clark, 2007, p.62-64).

Das 54 organizações e grupos profissionais contactados, foram recebidas respostas de 48 (89%). Foram enviados 136 questionários juntamente com envelopes endereçados e selados, formulários de pedido de entrevista e folhetos informativos. As respostas aos questionários totalizaram 87 (64%) e 53 pessoas (39%) consentiram em ser entrevistadas, das quais doze foram seleccionadas aleatoriamente (ver Anexo: A).

3.4 Métodos de investigação

Os métodos de investigação envolveram questionários anónimos (Anexo: B) e um convite para participar em entrevistas semi-estruturadas com um profissional de cada grupo profissional. Foi planeado que os questionários anónimos dariam oportunidade a respostas individuais e evitariam preconceitos de prestígio na resposta às perguntas. O questionário foi revisto por colegas e outros estudantes para verificar se o formato abordava as questões de investigação e para determinar a legibilidade e a facilidade de compreensão. Durante o processo, as perguntas foram adaptadas para obter clareza na redação e na orientação em relação às abordagens de resposta às perguntas. Todas as perguntas do tipo "caixa de seleção" foram agrupadas e foi aplicada uma abordagem semelhante às perguntas de escala e de classificação. Foi concebido um programa de entrevistas para complementar o questionário e orientar as entrevistas (Anexo: C). Pretendia-se que as entrevistas semi-estruturadas proporcionassem um enfoque na entrevista e dessem aos profissionais a oportunidade de aprofundar o tema da investigação.

3.5 Amostragem

A investigação foi realizada entre profissionais que trabalham em diferentes contextos na área de influência abrangida pelo estudo (ver Quadro 1). Pretendeu-se, assim, obter uma representação do mais vasto leque de profissionais que trabalham com jovens ou que teriam o dever de cuidar de jovens no decurso do seu trabalho com uma população adulta. As organizações foram inicialmente contactadas por telefone, tendo o investigador estabelecido uma ligação com uma pessoa-chave em todas as organizações. A finalidade da investigação foi explicada a esta pessoa e os objectivos foram delineados, tendo sido pedida autorização para distribuir os questionários, o folheto informativo e os formulários de consentimento para a entrevista entre os seus colegas. Após a obtenção do compromisso de uma pessoa-chave em cada agência, todos os documentos foram afixados. Aos questionários foi atribuído um número de referência para identificar as agências e para ajudar no controlo das respostas.

Quadro 1 Tipos de agências e serviços contactados

Serviço	Número	Participação
Projectos de ensino alternativo	4	3
Saúde Mental da Criança e do Adolescente (CAMHS)	3	3
Serviços comunitários de luta contra a droga	3	3
Centro Comunitário	1	1
Projeto comunitário	1	1
Aconselhamento (adultos e jovens)	2	2
Aconselhamento (jovens)	1	1
Serviços de educação e assistência social	1	1
Serviços de apoio à família	6	5
Serviço de Aconselhamento para Adultos do HSE	1	1
Serviço de Apoio ao HSE	1	0
Serviços de ligação juvenil	1	1
Grupo de enfermeiros de clínica geral	1	1
Serviço de liberdade condicional	1	1
Serviço psicológico	1	1
Escolas	13	10
Serviço de Ação Social	1	1
Projectos de proximidade com os jovens	3	3
Serviços para jovens	9	9
Total	54	48 (89%)

3.6 Acesso

O acesso aos participantes foi obtido através dos seus locais de trabalho, após contacto inicial com uma pessoa-chave em cada local. Em algumas circunstâncias, foram necessários pedidos formais por parte dos Conselhos de Administração das escolas ou de projectos de educação alternativa, e o serviço de reinserção social tem um pedido normalizado que é exigido pelo seu Conselho de Ética. O tempo necessário para aguardar a aprovação destas organizações fez com que a investigação se prolongasse por duas semanas para além da data de encerramento original. Foi enviada uma carta personalizada com base num formato padrão a todas as pessoas-chave, juntamente com 2-3 cópias de todos os questionários, formulários de consentimento e documentação de apoio. O facto de o investigador envolvido neste estudo trabalhar para uma agência dentro da área de influência abrangida pela investigação gerou algumas preocupações em relação aos potenciais desafios colocados na obtenção de acesso aos participantes. Reconhece-se que os investigadores "internos" são frequentemente confrontados com a política das instituições e com as preocupações que os colegas podem ter em relação à partilha de informações e a questões relacionadas com a confidencialidade (Robson, 2011, pp. 403-404). Além disso, reconhece-se que podem surgir preocupações para os potenciais participantes em relação à capacidade dos investigadores para manter a objetividade e a preservação das relações de trabalho. Este investigador respeitou o facto de os profissionais poderem sentir-se pouco à vontade para falar com outro profissional que também trabalha com jovens e famílias da mesma área de influência. No entanto, o facto de as pessoas terem consentido nas entrevistas foi visto como uma indicação de que tinham ultrapassado quaisquer questões ou preocupações que lhes pudessem ter surgido.

Os candidatos à entrevista foram auto-seleccionados através do processo de devolução dos formulários de consentimento para a entrevista. Na altura da entrevista, foi-lhes pedido que assinassem um formulário de consentimento separado. A participação no estudo foi totalmente voluntária. O investigador procurou selecionar os candidatos à entrevista entre os profissionais que têm contacto com jovens que podem estar envolvidos em abuso de substâncias. De acordo com o processo de seleção aleatória, a primeira pessoa a devolver o formulário de consentimento de cada profissão foi selecionada para a entrevista, com exceção do psicólogo, em que foi escolhida a segunda pessoa, uma vez que a primeira resposta dizia respeito a alguém que trabalhava nos serviços para adultos. As entrevistas tiveram lugar no local e à hora escolhidos pelos entrevistados e duraram aproximadamente 30 minutos. As entrevistas foram gravadas e posteriormente transcritas.

3.7 Questões éticas

As considerações éticas incluíram a proteção da identidade dos inquiridos nos questionários e das pessoas que participaram nas entrevistas, bem como da população de jovens cujas estatísticas fazem parte da informação de comparação. Todos os participantes foram informados da natureza e do objetivo da investigação e foi utilizado um método anónimo para receber a confirmação de que compreenderam o processo. Os participantes foram informados da natureza e do objetivo da investigação através de uma ficha de informação anexada aos questionários e aos formulários de consentimento das entrevistas. Esta ficha de informação também esclarecia o processo de consentimento e que os indivíduos eram livres de se retirarem do processo em qualquer fase e continha os dados de contacto do investigador e do supervisor. O facto de uma pessoa-chave dentro de cada organização e grupo profissional ter assumido a responsabilidade pela distribuição da documentação dentro do seu serviço/grupo significava que os inquiridos tinham alguém para contactar se tivessem problemas em relação ao questionário. A identidade dos inquiridos foi protegida devido ao facto de o investigador não ter conhecimento do processo relacionado com a sua distribuição. Ao preencherem o questionário, os inquiridos indicaram que compreendiam a informação contida no folheto informativo e que davam o seu consentimento.

Os profissionais que participaram nas entrevistas foram convidados a assinar um formulário de consentimento que é guardado em segurança até à destruição de todos os documentos relacionados com a investigação. Todas as gravações das entrevistas foram codificadas para proteger a identidade dos entrevistados. Apenas o investigador e o supervisor da investigação conhecem a identidade dos entrevistados, de acordo com as boas práticas (Bowling, 2009; Cryer, 2006). Durante o processo, nenhum dos entrevistados teve qualquer problema com o processo ou as perguntas da entrevista. Todas as perguntas da entrevista foram discutidas com os entrevistados antes da gravação. Se um entrevistado tivesse sido afetado pelas perguntas, a entrevista teria sido interrompida e teria sido prestado apoio ao entrevistado. A investigação foi eticamente aprovada na Universidade, na sequência de um processo de avaliação exaustivo e, a nível organizacional, a investigação foi discutida e aprovada por uma pessoa ligada ao local de trabalho do investigador. Esta pessoa não teve qualquer envolvimento na investigação. Não foi oferecida qualquer recompensa aos participantes e foi sublinhada a independência do investigador, uma vez que a investigação foi realizada como parte do cumprimento de um programa de mestrado e não estava diretamente associada à entidade patronal do investigador. O interesse do investigador na área específica da investigação foi declarado e as finalidades e objectivos da investigação foram clarificados.

3.8 Análise

O quadro de análise aplicado neste estudo envolveu o pensamento indutivo e dedutivo, de acordo com a abordagem pragmática geral avançada nos estudos de métodos mistos (Robson, 2011; Creswell & Plano Clark, 2007). A abordagem analítica básica envolveu a comparação constante dos dados para identificar temas emergentes e revelar a interligação entre aspectos qualitativos e quantitativos (Thomas, 2011). No âmbito desta abordagem, as conclusões emergem dos dados como resultado da interação dos investigadores com o material. A abordagem incluiu a codificação e a classificação dos dados com o objetivo de examinar os temas e a existência de relações e diferenças entre eles. Nem todos os questionários puderam ser utilizados na sua totalidade, uma vez que alguns tinham secções estragadas em que os inquiridos assinalavam todas as caixas em vez de classificarem por números, enquanto outros declaravam a ausência de conhecimentos em relação a questões específicas.

3.9 Validade e fiabilidade

A validade da investigação foi maximizada assegurando o anonimato de todos os inquiridos nos questionários. Desta forma, o fenómeno da "desejabilidade social" ou "viés de prestígio" foi reduzido, uma vez que a confidencialidade foi protegida. Além disso, a utilização de questionários normalizados aumentou a credibilidade, uma vez que foram feitas as mesmas perguntas a todos os inquiridos. Os entrevistados foram seleccionados aleatoriamente após auto-nomeação. A triangulação dos dados foi conseguida através da utilização de métodos mistos e o facto de a investigação e a análise terem sido realizadas pela mesma pessoa atenuou a possibilidade de falhas na comunicação.

3.10 Pontos fortes e limitações do estudo

O estudo limita-se a uma área de influência específica situada nos subúrbios da cidade de Dublim e a um número relativamente pequeno de profissionais com antecedentes e formação diversos. Como tal, os resultados não são generalizáveis. No entanto, as reflexões e conclusões da investigação podem ter aplicação noutras comunidades. O facto de as escolas primárias não terem sido incluídas no estudo pode ser visto como uma limitação, dado que os jovens experimentam substâncias numa idade muito mais jovem. Além disso, o facto de os médicos de clínica geral (GPs) não terem sido incluídos também pode ser visto como uma limitação, dado o seu potencial para identificar riscos para os jovens numa fase precoce. No entanto, dentro dos limites desta investigação, o investigador optou por restringir o estudo aos profissionais com maior probabilidade de entrarem em contacto regular com os jovens considerados de maior risco em termos de início de consumo indevido de substâncias. O investigador formou a opinião, com base na experiência de mais de vinte e sete anos de trabalho com jovens que se envolvem em consumo indevido de substâncias, de que o período de transição da escola primária para a secundária é uma altura em que os jovens estão em maior risco. É por esta razão que se decidiu centrar a investigação nas escolas secundárias. Em relação aos médicos de clínica geral, foi decidido que é mais provável que os indivíduos se apresentem aos seus médicos de clínica geral quando existe um problema relacionado com as consequências físicas ou psicológicas da utilização indevida de substâncias. Nestas circunstâncias, o investigador considerou que os médicos de clínica geral tratariam e/ou encaminhariam para outros serviços, conforme adequado. A inclusão de enfermeiros de clínica geral contribuiu em parte para estabelecer uma ligação com os serviços de clínica geral.

De um modo geral, os pontos fortes do estudo prendem-se com o facto de ter como alvo uma vasta população de profissionais que têm contacto regular com jovens em diversos contextos. Ao combinar questionários e entrevistas semi-estruturadas, o estudo permitiu obter uma resposta mais abrangente do que aquela que poderia ter sido obtida através de cada uma das abordagens separadamente. O facto de o investigador ter contactado diretamente com uma pessoa-chave de cada organização ou grupo profissional pode ter contribuído para que 64% (n=87) respondessem aos questionários, o que é muito favorável, tendo em conta que, de acordo com De Leeuw & Collins (1997) citado em DeVaus (2002, p.127), a taxa geral de resposta a questionários postais é de 61%.

3.11 Resumo do capítulo

Este capítulo descreveu a metodologia e a conceção de um estudo de investigação que envolveu um inquérito e entrevistas realizadas numa área de influência específica junto de um vasto leque de participantes. A validade da investigação foi maximizada através da utilização de questionários anónimos e da manutenção da confidencialidade e do anonimato dos participantes nas entrevistas. Embora a generalização dos resultados não seja possível devido à restrição da recolha de dados a cinco comunidades de uma área de influência específica, existe a possibilidade de os profissionais de outras comunidades obterem conhecimentos ou aprendizagens. Além disso, a investigação pode servir de catalisador para um estudo mais abrangente.

CAPÍTULO 4

Contexto da agência

4.1 Introdução

Este capítulo apresenta um resumo da história da cultura da droga entre os jovens na sociedade irlandesa e identifica abordagens de intervenção. É apresentado um esboço da agência envolvida neste estudo e o contexto em que se insere, incluindo o contexto político. São destacadas as questões e tendências do trabalho efectuado com os jovens e as suas famílias em 2012.

4.2 Serviço de tratamento

4.2.1 Dimensão histórica

Na Irlanda, o problema da toxicodependência entre os adolescentes surgiu em meados dos anos 60, quando se registaram rusgas nas farmácias comunitárias e nas farmácias da autoridade sanitária (Kelly & Sammon, 1975). No mesmo período, foi relatado que dezasseis pessoas foram internadas no hospital devido ao consumo de anfetaminas (Walsh, 1966). Em resposta a um relatório intercalar de um grupo de trabalho sobre a toxicodependência, foi criado em 1969 o Jervis Street Hospital, Drug Advisory and Treatment Centre. Registos de 1997 indicam que houve um aumento do consumo de droga na parte oriental do país, especialmente na cidade de Dublin (O'Brien & Moran, 1998). As principais drogas de consumo abusivo durante este período foram os opiáceos (65%), com os consumidores de heroína a terem geralmente idades compreendidas entre os 15 e os 19 anos (Keenan, 1999). Além disso, um estudo realizado por Smyth, *et al.* (1998) com 733 novos utentes do Drug Treatment Centre Board 1992-1997, revelou a existência de anticorpos contra a hepatite C (61,8%) e o VIH (1,2%), o que estava associado a um aumento do consumo de drogas intravenosas. Ao longo da década de 1990, os serviços de tratamento disponíveis para os jovens destinavam-se principalmente à gestão do consumo abusivo de heroína e baseavam-se em modelos para adultos (Keenan, 1999).

4.2.2 Redução de danos

Foi com o aparecimento do consumo intravenoso de drogas que foram introduzidas práticas de redução de danos por motivos de saúde pública (Butler & Mayock, 2005). A tónica da redução de danos incide principalmente na criação de programas de substituição de opiáceos, serviços de proximidade e instalações de troca de seringas (HSE, 2011b; NACD 2004b). Atualmente, é referido que a tendência em relação ao consumo de drogas por via intravenosa nos países da Europa Ocidental está mais relacionada com drogas que melhoram o desempenho, como os esteróides anabolizantes, do que com os opiáceos (European Harm Reduction Network, 2011). É sabido que as intervenções preventivas são mais bem sucedidas na contenção da propagação de vírus transmitidos pelo sangue (Harm Reduction International, 2012). Reconhecendo o facto de as mulheres que trabalham na prostituição serem um grupo vulnerável, foi fundado em 1991 o Women's Health Project (HSE, 2013 a). O Gay Men's Health Project foi criado em 1992 (HSE, 2013b), uma vez que se afirma que os homens que praticam sexo com homens apresentam níveis desproporcionados de problemas de saúde em comparação com a população em geral, devido ao facto de consumirem uma gama mais vasta de drogas (European Harm Reduction Network, 2011, p.148).

Ao longo dos anos, muitos outros serviços não oficiais de combate à droga, como o Anna Liffey Drugs Project (2007) e o Merchants Quay Ireland (2013), foram pioneiros nas abordagens de redução de danos e os projectos locais de combate à droga e os serviços para jovens adoptaram uma filosofia de redução de danos. Em resposta às tendências de mudança no consumo de drogas, a ênfase na redução de danos alargou-se para abordar questões relacionadas com o consumo de substâncias como a canábis/erva, os esteróides, a cocaína e as "legal highs", drogas intoxicantes que não são controladas ao abrigo da lei sobre o abuso de drogas de 1977 (Ballyfermot Drugs Task Force 2010; Chrysalis CDP, 2009). Além disso, organizações como a Gaelic Athletic Association (GAA) criaram um programa de prevenção do abuso de álcool e de substâncias para promover a saúde (GAA/Cumann Luthchleas Gael, 2012). Butler e Mayock (2005) propõem que a ausência de debate sobre a redução de danos na Irlanda não facilitou atitudes mais tolerantes e respeitosas para com os consumidores de droga e pode ter atrasado a introdução de uma gama mais vasta de práticas de redução de danos. Um estudo efectuado pela Youth Work Ireland, Cork (2011) salienta que o consumo problemático de droga é uma consequência da desigualdade social e propõe que as intervenções sociais, em vez de uma abordagem médica ou jurídica, oferecem os melhores resultados.

4.2.3 Criação de serviços para adolescentes '

Para dar resposta às necessidades complexas de uma população adolescente toxicodependente, foram criados em Dublin, em meados da década de 1990, dois serviços de tratamento ambulatório. Foi criado um programa comunitário em North Inner City e foi desenvolvido um serviço nos subúrbios da cidade de Dublin, que é o projeto associado a este estudo. Estes serviços ofereciam planos de tratamento diferenciados que envolviam tratamento médico e terapia familiar combinados com actividades de grupo e ênfase na reintegração social (Vitale & Smyth, 2004). Além disso, havia um certo número de camas destinadas a adolescentes num centro de desintoxicação de doentes internados gerido pelo HSE. No final da década de 1990, foi aberto um centro de pós-tratamento residencial para adolescentes nas Midlands para prestar um serviço a nível nacional e, no início de 2000, o Ministério da Saúde criou um programa de tratamento de jovens no âmbito do Centro Nacional de Tratamento da Droga (Vitale & Smyth, 2004). Ao longo dos anos, tem-se registado um aumento do número e do tipo de serviços disponíveis para os jovens nas comunidades (Department of Health and Children, 2005). Por exemplo, a maior parte das zonas da Força de Intervenção Local contra a Droga tem Equipas Comunitárias contra a Droga e presta apoio terapêutico, educação/formação, acesso ao emprego e apoio à família, incluindo cuidados infantis, para além de programas de educação de adultos e de sensibilização da comunidade (Department of Community, Rural and Gaeltacht Affairs 2009). O HSE, em parceria com o sector voluntário/comunitário, aloja www.drugs.ie, o sítio Web nacional de informação e apoio em matéria de droga e álcool (Department of Health, 2012).

Em 2005, um grupo de trabalho criado para dar resposta às necessidades de tratamento dos menores de 18 anos propôs um modelo de intervenção em quatro níveis, centrado num quadro estabelecido pelo Serviço de Aconselhamento em Saúde do Reino Unido (Department of Health and Children, 2005, p. 45). Esta abordagem é apoiada pela atual estratégia nacional em matéria de droga (Department of Community, Rural and Gaeltacht Affairs 2009). O método escalonado de tratamento baseia-se numa abordagem multidisciplinar e na coordenação e colaboração entre organismos. No âmbito deste quadro, está determinado que os serviços de nível 1 sejam acessíveis a todos os jovens e não é necessário que tenham conhecimentos especializados em matéria de toxicodependência. Os profissionais que operam a este nível incluem os trabalhadores dos cuidados primários, os professores, a Garda, os técnicos de juventude, os agentes de reinserção social e as agências de apoio à comunidade e à família. No nível seguinte, espera-se que os serviços de nível 2 tenham competências no domínio da saúde mental dos adolescentes e/ou da toxicodependência. Os profissionais envolvidos nestes serviços incluem médicos de clínica geral (GPs); projectos de grupos de trabalho sobre droga; agentes de ligação entre a escola e a casa; trabalhadores de proximidade no domínio da droga para jovens; projectos de educação alternativa e serviços para jovens sem abrigo. Em geral, os jovens que recorrem a estes serviços abusam do álcool e/ou das drogas e têm problemas em consequência disso. Os serviços de nível 3 destinam-se a jovens que estão a ter problemas graves devido ao abuso de álcool e drogas e que podem também ter doenças psiquiátricas concomitantes. O trabalho com os jovens e as suas famílias a este nível exige uma abordagem multidisciplinar e inter-agências, a fim de tratar os múltiplos factores de risco. Os serviços devem possuir conhecimentos especializados em matéria de saúde mental dos adolescentes e de toxicodependência.

A um nível mais especializado, os serviços de nível 4 dispõem de todos os conhecimentos acima referidos, mas também têm a capacidade de tratamento intensivo num hospital de dia ou numa unidade de internamento. Os jovens que requerem estes serviços são dependentes de drogas ou de álcool e necessitam de intervenção médica, para além de envolvimento individual, de grupo e familiar. Atualmente, existe uma unidade residencial para adolescentes na Irlanda, o Aislinn Adolescent Addiction Treatment Centre, Ballyragget, Co Kilkenny. Este centro oferece desintoxicação medicamente supervisionada a jovens dos 15 aos 21 anos desde 2011 e um programa de reabilitação residencial sem drogas desde 1999 (Hartnett, 2012).

4.3 Agência

4.3.1 Estabelecimento do serviço

A agência associada a este estudo é um serviço estatutário que opera no nível 3. Inicialmente, funcionava numa clínica onde era prescrita metadona (substituto de opiáceos). No primeiro ano de funcionamento, os programas envolviam uma desintoxicação estruturada de dez semanas, em conjunto com terapia individual/familiar e trabalho de grupo, seguida de duas semanas de apoio pós-tratamento. Embora alguns jovens tenham conseguido concluir estes programas, rapidamente recaíram (Keenan, 1999). Na realidade, não existiam estruturas de acompanhamento ou de reabilitação no seio das comunidades, o que é essencial quando se lida com jovens, uma vez que a questão não é muitas vezes a reabilitação, mas sim a resolução de défices relacionados com conhecimentos e competências, especialmente tendo em conta que a maioria dos jovens que frequentavam os programas provinham de comunidades socialmente desfavorecidas (Murray, 2011). Em 1998, foi introduzida uma abordagem mais flexível do tratamento, centrada em planos de cuidados individuais que privilegiavam as vozes dos jovens e as preocupações da família (Keenan, 1999). Trabalhou-se no sentido de estabelecer relações com outros serviços estatutários e comunitários, com o objetivo de desenvolver uma comunidade de interesse para apoiar a integração dos jovens na sua comunidade, tal como defendido pelo trabalho de White e Epston (1990) e pelo Justice Therapy Group (Dulwich, Centre Newsletter, 1990). Keenan (1999) refere que, em resultado destes desenvolvimentos, se registaram melhores taxas de retenção entre os que recebem tratamento e melhores resultados para os jovens e as suas famílias em termos de estabilidade global.

4.3.2 População-alvo

O serviço está disponível para os jovens com menos de 18 anos de cinco comunidades que constituem a área de influência. Inicialmente, pretendia-se que o serviço se limitasse aos jovens de uma só comunidade, mas, apesar da extensão do problema da droga entre a população adulta da zona em meados dos anos 90, não havia um número suficiente de jovens para sustentar um programa, pelo que a área de influência foi alargada às comunidades adjacentes da zona de cuidados comunitários (Keenan, 1999).

4.3.3 Pessoal e estrutura das equipas

A equipa clínica que trabalhou no âmbito do programa durante os primeiros seis anos de funcionamento era constituída por um médico de clínica geral (GP) a tempo parcial; um farmacêutico a tempo parcial; um enfermeiro a tempo parcial; três assistentes gerais (GAs) a tempo parcial; um terapeuta familiar a tempo inteiro e apoio administrativo. Com exceção do terapeuta familiar, todos os outros membros da equipa trabalhavam essencialmente no serviço de toxicodependência para adultos. Em 2003, foi contratado um psiquiatra consultor de crianças e adolescentes para dirigir o serviço e criar serviços de tratamento para jovens noutras comunidades. Atualmente, os encaminhamentos são feitos inicialmente para o terapeuta familiar e os outros membros da equipa são envolvidos quando é necessária uma intervenção médica ou uma avaliação psiquiátrica.

4.3.4 Contexto político

O serviço funciona de acordo com as directrizes "Children's First" (2011), a lei "Child Care Act 1991" (2001) e o serviço de toxicodependência do HSE, políticas/procedimentos (2006). Em 2003, chegou-se a um ponto em que o serviço estava a tratar 50% dos clientes fora do programa estruturado e sem medicação. As componentes médica e terapêutica do programa foram separadas em 2004, devido ao facto de um número cada vez menor de jovens apresentar problemas relacionados com o consumo de heroína ou estar num ponto em que necessitava de intervenção médica. Além disso, os pais referiram sentir-se pouco à vontade para ir a uma clínica onde era administrada metadona (Murray, 2011). Para coincidir com a reconfiguração dos serviços, os critérios de acesso foram alargados para incluir o tratamento de jovens com problemas de álcool e outras drogas. Tal como identificado na revisão da literatura, a abordagem ao trabalho com jovens com problemas de álcool, canábis/erva e algumas outras drogas envolve principalmente intervenções psicossociais.

4.4 Tendências

Durante o ano de 2012, o serviço trabalhou com 48 adolescentes' 75% (n=36) eram novos encaminhamentos com uma média de idade de 15,5 anos (intervalo 13-19 anos). A maioria, 77% (n=37), era do sexo masculino. Os encaminhamentos foram recebidos de uma ampla gama de fontes, sendo a família (27%), a escola/centro de formação (19%), o CAMHS (13%) e o serviço social (10%) as mais comuns. De acordo com a investigação que identifica os factores de risco social, as comunidades mais representadas são as que apresentam níveis mais elevados de desemprego e onde existem baixos níveis de expetativa em termos de sucesso escolar. A cannabis/erva é atualmente a principal substância problemática (80%), sendo o álcool a principal substância para os restantes 20%. No entanto, o consumo de poli-substâncias era a norma, com apenas 19% dos utentes a apresentarem uma única substância problemática. Outras drogas que fazem parte do padrão de consumo abusivo de poli-substâncias são as benzodiazepinas (15%), as anfetaminas (8%), a cocaína (10%) e a heroína (4%). Nenhum jovem necessitou de tratamento farmacológico.

As estatísticas mais recentes, disponíveis no National Drug Treatment Reporting System (2013), relativas a menores de 18 anos, referem-se a 2010 e indicam que a cannabis foi responsável por quase 50% das apresentações para tratamento a nível nacional, seguida do álcool (32%), das benzodiazepinas (3%), da cocaína (1,5%), dos opiáceos (3%) e dos inalantes (2,5%), sendo o restante resultado do abuso de várias substâncias. As estatísticas disponíveis para o mesmo período relativas ao condado de Dublim indicam que, entre os menores de 18 anos que se apresentam para tratamento, num total de 179 adolescentes, a cannabis representa 57,5% dos casos, seguida do álcool (21%), da cocaína (3,4%), das benzodiazepinas (2,8%) e do consumo abusivo de outras substâncias ou de substâncias múltiplas, que representa o restante.

O Projeto de Inquérito Escolar Europeu sobre Álcool e Drogas (ESPAD), relativo a 2010-2011, realizado entre jovens dos 15 aos 16 anos, revelou que 9% das raparigas e 13% dos rapazes na Irlanda beberam pela primeira vez antes dos 13 anos e que a média europeia de consumo de álcool nos últimos 30 dias neste grupo etário é de 17%, enquanto na Irlanda é de 23% (Hibell, *et al.* 2012). Este facto sugere que os irlandeses têm uma maior propensão para o consumo excessivo de álcool. Os resultados do inquérito irlandês "Health Behaviour in School-age Children" (HBSC) de 2010 indicam uma diminuição global do consumo de álcool entre os jovens dos 10 aos 17 anos na Irlanda, que é de 46%, em comparação com 2006, quando 53% declararam ter consumido álcool (Kelly, *et al.* 2012, p.23). Em relação à cannabis, 5% das crianças afirmaram ter consumido cannabis no mês anterior, o que representa uma diminuição em relação a 2006, quando 7% declararam ter consumido cannabis (ibid, p.28).

Entre os actuais utentes do serviço associado a este estudo, 65% (n=31) tiveram contacto passado ou atual com o CAMHS. Em consonância com isto, verificou-se na avaliação do serviço que 30% (n=14) tinham um historial de auto-mutilação deliberada passada ou atual ou de ideação/comportamento suicida, enquanto 50% (n=24) não estavam envolvidos em qualquer forma de educação ou formação, apesar da sua tenra idade. Dos que frequentavam o ensino, 25% (n=6) tinham uma fraca assiduidade. A maioria teve contacto com os serviços de juventude 84% (n=40) e 54% (n=26) tiveram algum contacto com o sistema de justiça criminal, principalmente com os Oficiais de Ligação Juvenil, enquanto 34% (n=16) tiveram contacto com os serviços de apoio à família e 18% (n=9) com o serviço social. Uma das principais tendências em 2012 foi a frequência do endividamento 52% (n=25) ligado principalmente à canábis/erva. Um inquérito da Rede de Apoio à Família da Irlanda sublinha que a intimidação e as ameaças de violência estão a aumentar entre as famílias em que os membros têm dívidas relacionadas com drogas (Connolly, 2010).

4.5 Resumo do capítulo

Este capítulo apresenta um resumo da cultura da droga entre os jovens na sociedade irlandesa e identifica abordagens de intervenção. Em resposta aos problemas relacionados com o consumo de drogas ilícitas, foi criado o primeiro serviço de tratamento em Dublin, em 1969. Para dar resposta às necessidades complexas de uma população adolescente consumidora de droga, foram criados em Dublin, em meados da década de 1990, dois serviços de tratamento ambulatório. Além disso, foram criadas várias camas para adolescentes numa unidade de desintoxicação em regime de internamento. No final da década de 1990, foi inaugurado um centro residencial de pós-tratamento de adolescentes nas Midlands e, no início de 2000, o Ministério da Saúde criou um programa de tratamento de jovens no âmbito do Centro Nacional de Tratamento da Droga. Em 2005, um grupo de trabalho criado para dar resposta às necessidades de tratamento dos menores de 18 anos propôs um modelo de intervenção a quatro níveis, centrado num quadro estabelecido no Reino Unido. Atualmente, as tendências em matéria de consumo de droga estão a mudar, uma vez que o consumo de heroína está a diminuir, sobretudo em Dublim. A evolução do perfil do consumo de droga coloca desafios aos serviços em termos de criação de uma vasta gama de respostas de tratamento e de uma maior ênfase no trabalho inter-agências.

CAPÍTULO 5

Conclusões

5.1 Introdução

Este capítulo apresenta as principais conclusões da investigação relativa à compreensão dos profissionais sobre a natureza e a extensão do consumo indevido de substâncias por parte dos jovens com quem contactam e a sua compreensão dos factores de risco associados ao início precoce do consumo indevido de substâncias. Além disso, são identificadas as acções que podem ser tomadas pelos profissionais quando existem preocupações relativamente a um jovem no que diz respeito à utilização indevida de substâncias. Os dados dos questionários são apresentados de forma figurativa ou em formato de tabela, complementados por citações dos entrevistados. Por fim, o capítulo termina com uma lista de comentários e recomendações adicionais feitos pelos inquiridos nos questionários.

5.2 A compreensão dos profissionais sobre a natureza e a extensão do abuso de substâncias pelos jovens

5.2.1 A perceção dos profissionais sobre a idade em que os jovens começam a experimentar substâncias.

Esta investigação revelou que 10% (n=9) dos inquiridos nos questionários são da opinião de que os jovens começam a experimentar substâncias entre os 1012 anos de idade e que 45% (n=39) são da opinião de que os jovens iniciam a experimentação entre os 12-14 anos de idade (ver Figura 1). Outros 33% (n=29) dos inquiridos identificaram a experimentação de substâncias pelos jovens como tendo início entre os 14 e os 16 anos, 8% (n=7) indicaram que os jovens experimentam substâncias entre os 16 e os 18 anos e 4% (n=3) referiram não saber com que idade os jovens começam a experimentar substâncias.

Figura 1: Perceção dos profissionais sobre a idade em que os jovens começam a experimentar substâncias.

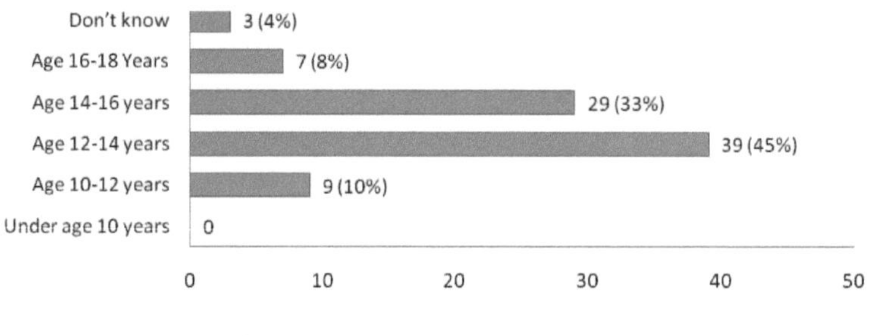

Nas entrevistas, reflectiu-se um padrão semelhante, como se pode ver nos seguintes excertos, quando um trabalhador de rua do sector da droga para jovens identificou

"Estou a vê-los aos onze, dez ou onze anos a beber álcool, onze, doze, treze a provar canábis" **I.1**

Um trabalhador de apoio à família declarou;

"Acho que treze e catorze e isso seria álcool e haxixe" **I.2**

Um especialista em enfermagem clínica que relatou;

"Já vi crianças de dez ou onze anos ... ... a fumar sobretudo haxixe" **I.3**

Um Oficial de Ligação Juvenil declarou;

"Suponho que há sempre excepções ... ... eu diria que por volta dos catorze anos" **I.5**

Foi indicado um psiquiatra de crianças e adolescentes;

"Penso que as pessoas que veríamos... estão a consumir substâncias entre os doze e os treze anos" **I.8**

Um psicólogo clínico declarou: *"Eu diria que por volta dos dezasseis anos"* **I.9**

5.2.2 Percepções dos profissionais sobre a medida em que os jovens que frequentam o seu serviço estão envolvidos na utilização indevida de substâncias

Quando questionados sobre a sua estimativa do grau de envolvimento dos jovens que frequentam o seu serviço na utilização indevida de substâncias? Os resultados revelam que 13% (n=11) dos inquiridos estimam que menos de 10% dos jovens estão envolvidos em consumo indevido de substâncias, enquanto 37% (n=32) estimam que essa percentagem é de 10%-25%. Outros 17% (n=15) apontam para 25%-50%, enquanto 20% (n=17) indicaram que entre 50%-75% consomem substâncias e 8% (n=7) deram uma estimativa de mais de 75% (ver Figura 2).

Figura 2: Perceção dos profissionais sobre o grau de envolvimento dos jovens na utilização abusiva de substâncias

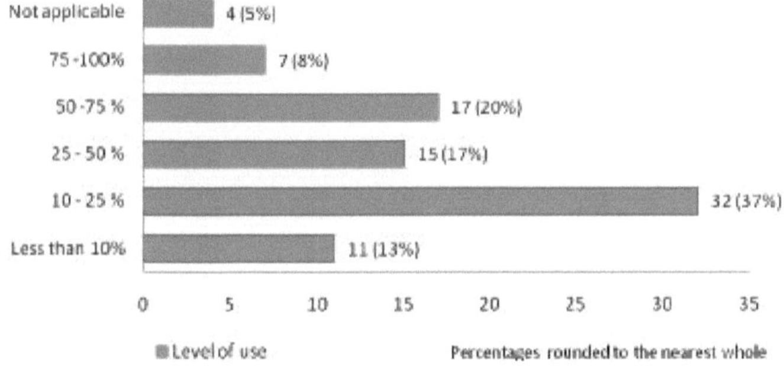

Entre os "profissionais" que, nas entrevistas, atribuíram um valor elevado à utilização indevida de substâncias entre os jovens, conta-se um agente de reinserção social que referiu

"Raramente me cruzo com um jovem que não tenha estado envolvido em alguma forma de abuso de substâncias", **I.12**

Um trabalhador de rua do sector da droga para jovens declarou

"99% de todos os jovens que entram no nosso centro consomem álcool ... . 75% consomem canábis. 40% que talvez tenham outra substância envolvida" **I.1**

Um coordenador de ligação casa-escola apresentou um relatório;

"Eu diria que 90% deles consomem álcool... Poderíamos estar a perder 20% dos nossos alunos numa segunda-feira de manhã ..... Agora, as notas não dizem isso... um pai disse-me que o Facebook vai dizer! **I.4**

Em relação à cannabis/erva, um professor referiu

"provavelmente cerca de 90% dos jovens deste centro" **I.6**

Os profissionais que relataram experiências de consumo indevido de substâncias por jovens no extremo inferior da escala incluíram um oficial de ligação juvenil que relatou experiências relacionadas com a cannabis;

"20% estariam a utilizá-lo ou já o teriam experimentado" **I.5**

Um trabalhador de apoio à família declarou;

"Eu diria 20%-25% e não me refiro a drogas duras, mas sim a álcool e haxixe" **I.2**

5.2.3 *Percepções dos profissionais sobre os tipos de substâncias utilizadas pelos jovens*

Os dados desta investigação indicam que o álcool é considerado a principal substância de consumo indevido pelos jovens, de acordo com 66% (n=42) dos inquiridos, e que a cannabis/erva foi considerada a principal por 34% (n=22) dos inquiridos. No entanto, como droga secundária de consumo indevido, a canábis/erva foi considerada a mais elevada, com 61% (n=36), seguida do álcool (34%, n=22), dos solventes (3%, n=2) e da cocaína (2%, n=1). Numa terceira categoria de consumo abusivo de substâncias, o ecstasy, as benzodiazepinas, a cocaína e os solventes foram os mais referidos. Outras drogas mencionadas em 4th e 5th categorias incluíam anfetaminas, LSD e cetamina (ver Figura 3).

Entre os entrevistados, uma tendência semelhante reflectiu-se no relato de um agente de liberdade condicional;

"Existe canábis muito potente disponível no mercado e isso está claramente a ter um efeito nos meus clientes. Além disso, o consumo de comprimidos e a medicação não prescrita " **I.12**

Um trabalhador de rua que trabalha com jovens que se dedicam à luta contra a droga relatou o seguinte

"Estou a ver 80%-90% de álcool, 50%-60% de canábis" **I.1**

Um especialista em enfermagem clínica declarou;

"Principalmente o álcool e a cannabis ... seriam os grandes problemas" **I.3**

Um assistente social relatou;

"álcool e depois há a erva/chá ... e vários comprimidos". **I.11**

Um psiquiatra de crianças e adolescentes declarou;

"cannabis.... Benzo's ... e outras coisas como Head Shop" **I.8**

Um funcionário do sector da educação e do bem-estar relatou;

"Penso que o haxixe está mais disponível do que o álcool ... ... Tenho suspeitas de que talvez esteja a ser utilizado "E"" **I.7**

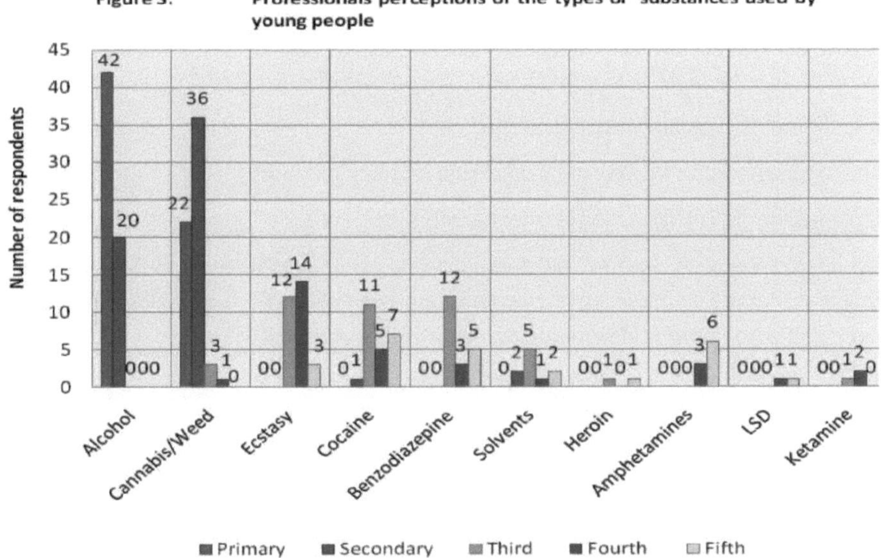

Figure 3: Professionals perceptions of the types of substances used by young people

5.2.4 Em que medida os profissionais questionam os jovens sobre questões relacionadas com a utilização abusiva de substâncias

Os dados desta investigação indicam que 17% (n=15) dos inquiridos especificaram que perguntam sempre aos jovens que frequentam o seu serviço sobre questões relacionadas com a utilização indevida de substâncias. Outros 44% (n=38) dos inquiridos revelaram que discutiriam frequentemente com os jovens questões relacionadas com a utilização indevida de substâncias, enquanto 31% (n=27) indicaram que ocasionalmente perguntam aos jovens sobre a utilização indevida de substâncias e 3% (n=3) indicaram que nunca perguntam, enquanto 5% (n=4) especificaram que a questão não era relevante, uma vez que não trabalham com jovens com menos de 18 anos de idade (ver Figura 4). Entre os profissionais que referiram nas entrevistas que perguntariam sempre aos jovens sobre a utilização abusiva de substâncias, conta-se um professor de um projeto de educação alternativa que afirmou

"Sim, porque estamos sob pressão para que os jovens obtenham o nível quatro da FETAC" **I.6**

Um especialista em enfermagem clínica declarou;

"Sim, sem dúvida, em termos de comportamento de risco" **I.3**

Um trabalhador de rua que trabalha com drogas para jovens indicou

"Sim, seriam criados por mim. Mais uma vez, ser-me-iam apresentadas no decurso do meu trabalho" **I.1**

Um agente de liberdade condicional confirmou que a avaliação e o relatório de liberdade condicional contêm pormenores

"questões relacionadas com a droga e a toxicodependência" **I.12**

Um gabinete de ligação juvenil descrito

"Sim... na construção de um perfil da criança" **I.5**

Um psiquiatra de crianças e adolescentes relatou;

"Sim, nós levantamos sempre... algumas pessoas, se perguntarem, dirão a verdade... algumas pessoas têm medo, por causa do ambiente aqui, de contar à mãe e ao pai.... outra coisa é que aqui não fazemos rastreios de drogas" **I.8**

Entre os profissionais que afirmaram em entrevista que ocasionalmente ou nunca perguntavam aos jovens sobre questões relacionadas com a utilização indevida de substâncias, conta-se um trabalhador juvenil num contexto escolar que declarou

"Se houver um problema com um jovem que suspeitemos ou que tenha revelado estar a abusar ou a consumir substâncias de forma incorrecta, isso será tratado pelo trabalhador do projeto" **I.10**

Um assistente social indicou que o serviço adoptaria uma abordagem diferente com as crianças que estão em cuidados prolongados em comparação com os jovens que são encaminhados na sua adolescência;

"nalguns casos, não está no topo da sua agenda quando as crianças estão ao cuidado da .... comunidade, por definição, quando são adolescentes são muito mais problemáticos... ... por isso a maioria, se não todos, teriam problemas com alguma forma de abuso de substâncias" **I.11**

Figura 4:   Em que medida os profissionais questionam os jovens sobre questões relacionadas com a utilização abusiva de substâncias

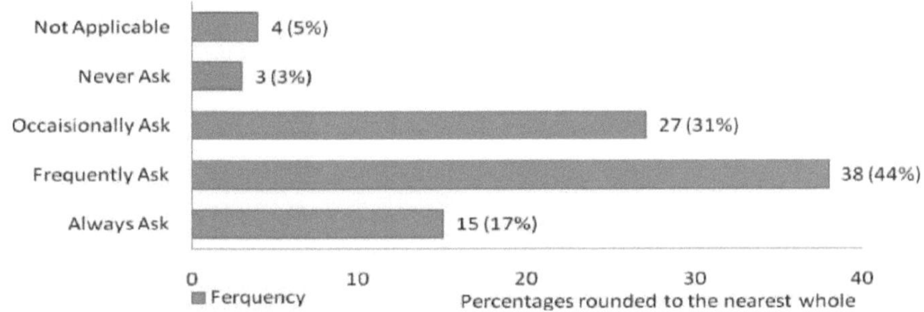

5.3 A compreensão dos profissionais sobre os factores de risco associados ao início precoce da utilização indevida de substâncias.

5.3.1 Percepções dos profissionais sobre as circunstâncias que levam os jovens a iniciar o consumo abusivo de substâncias

Os resultados desta investigação mostram que 65% (n=56) dos inquiridos consideram que os pares dos jovens têm a maior influência no início do consumo de substâncias. As circunstâncias familiares ficaram em segundo lugar, com 23% (n=20), e a falta de apoio ou orientação dos pais ficou em terceiro lugar, com 17% (n=15). A curiosidade e os factores ambientais ficaram em quarto lugar, com 16% (n=14), enquanto o abuso de substâncias por parte dos pais/irmãos ficou em quinto lugar, com 15% (n=13), seguido do tédio, com 12% (n=10); da normalização na sociedade, com 12% (n=10), e da experimentação/diversão, com 12% (n=10). As circunstâncias pessoais foram identificadas como factores contributivos por 10% (n=9) dos inquiridos e a baixa autoestima por 9% (n=8), seguida da rutura familiar e da automedicação por 6% (n=5). Foram também identificados vários outros factores que influenciam as decisões dos jovens em relação à fase inicial da utilização indevida de substâncias (ver Quadro 2). Mesmo assim, se todos os factores familiares forem somados, o total é de 61% (n=53), ou seja, menos 4% do que o indicado para as influências dos pares. Nas entrevistas, um trabalhador de apoio à família ofereceu a seguinte perspetiva;

"As famílias atribuem sempre a culpa à pressão dos pares, mas eu penso que a principal influência está no seio da família. É a autoridade dos pais ... ... Acho preocupante o número de crianças que atualmente se auto-medicam" **I.2**

As seguintes ideias foram partilhadas por um Oficial de Ligação Juvenil;

"Número um, se houver problemas em casa, especialmente se houver problemas com drogas em casa. O segundo é o ambiente ... ... onde a droga está disponível e se há tráfico ... O terceiro é se abandonam a escola cedo e o quarto, e provavelmente o mais importante, são os pares" **I.5**

A reflexão que se segue foi feita por um psiquiatra especializado em crianças e adolescentes;

"Bem, muitas vezes há problemas em casa, como se não estivessem a ser muito bem supervisionados... ... talvez estejam quase a tomar drogas para fugir *ao que estão a sentir"* **I.8**

Um animador de juventude de uma escola partilhou a seguinte ideia;

"Suponho que as circunstâncias familiares ... ... se houver um membro da família, seja *um irmão mais velho ou um dos pais, que abuse de substâncias e isso seja visto como uma espécie de norma ... Penso que o ambiente ... a disponibilidade ... ... se os amigos o fazem é   um escape"* **I.10**

Um especialista em enfermagem clínica declarou;

"aceitação, que é uma experimentação adolescente que acontece nesta zona. Os pais vêm, sim, bem, eles estavam a fumar um pouco de haxixe ... nem sempre sentem que é algo que precisam de contar" **I.3**

Um trabalhador de rua do sector da droga para jovens declarou

"comportamento familiar ..... Tenho um cliente em que o pai e o filho estão a brincar com a playstation, estão a fazer um jogo em conjunto" **I.1**

Um agente de liberdade condicional apresentou as seguintes reflexões sobre o início precoce da toxicodependência;

"associação de pares ... pais que também consomem, esse é realmente um fator contributivo, constatamos isso repetidamente, e estar fora da escola" **I.12**

Um responsável pela educação e pelo bem-estar declarou;

"a principal influência está no seio da família, resume-se à autoridade parental ..... Considero preocupante a quantidade de crianças que atualmente se auto medicam" **I.7**

Um coordenador de ligação entre a escola e a família contou;

"Um adulto que não bebe é invulgar para muitas destas crianças... a outra coisa importante que vemos é a dependência da medicação dos pais" **I.4**

Quadro 2:   Percepções dos profissionais sobre as circunstâncias que influenciam o consumo indevido de substâncias pelos jovens

Percepções das circunstâncias que influenciam a utilização abusiva de substâncias	Frequência de menção
Influências dos pares	56 (65%)
Circunstâncias familiares	20 (23%)
Falta de apoio/orientação dos pais	15 (17%)

Curiosidade	14 (16%)
Factores ambientais	14 (16%)
Abuso de substâncias por parte dos pais/irmãos	13 (15%)
Tédio	10 (12%)
Normalizado na sociedade	10 (12%)
Experimentação e diversão	10 (12%)
Circunstâncias pessoais	9 (10%)
Baixa autoestima	8 (9%)
Desagregação familiar	5 (6%)
Auto-medicação	5 (6%)
Pertencimento	4 (5%)
Dificuldades escolares	3 (3%)
Informações incorrectas sobre os efeitos das substâncias	3 (3%)
Stress	3 (3%)
Abuso sexual	2 (2%)
Abuso físico	2 (2%)
Abuso psicológico	2 (2%)
Comportamento de representação	2 (2%)
Saúde mental	2 (2%)
Falta de amor ou negligência	2 (2%)
Falta de disciplina	1 (1%)
Depressão	1 (1%)
Trauma na primeira infância	1 (1%)
Desvinculação	1 (1%)
Pobreza	1 (1%)
Insatisfação com as perspectivas de vida	1 (1%)
Transição na adolescência	1 (1%)

Percentagens arredondadas ao inteiro mais próximo

5.3.2 Percepções dos profissionais em relação ao consumo abusivo de substâncias pelos adolescentes

Esta investigação revelou que, em relação ao consumo e à experimentação de álcool pelos jovens, 3% (n=3) dos inquiridos concordaram fortemente e 45% (n=39) concordaram parcialmente com a pergunta 7 do questionário que lhes pedia para expressarem a sua opinião sobre a experimentação de álcool pelos adolescentes. Em relação à experimentação de drogas pelos jovens, os dados indicam que nenhum dos inquiridos concordou com a afirmação da pergunta 8 do questionário que lhes pedia que expressassem a sua opinião sobre a experimentação de drogas pelos adolescentes, 30% (n=26) concordaram parcialmente e 6% (n=5) indicaram que não tinham a certeza (ver Figura 5). Nas entrevistas, os inquiridos reflectiram sobre o facto de parecer existir um elevado nível de tolerância nas comunidades e entre os pais em relação ao álcool em particular e, em menor grau, à cannabis. Nalguns casos, foi indicado que os pais dão às crianças comprimidos que não lhes foram receitados. Esta cultura é sintetizada na seguinte citação de um trabalhador de rua que trabalha com jovens que se dedicam à luta contra a droga

Conheci pais que davam benzodiazepinas aos filhos para os ajudar... Quanto ao álcool, mais uma vez, quando falo com pais que me dizem que não estão a consumir heroína... É positivo... "oh, claro, ele só está a beber um copo e eu sei onde ele está" **I.1**

Um coordenador de ligação casa-escola apresentou um relatório;

"Os pais comprariam álcool para os filhos a partir dos treze anos" **I .4**

E a mesma pessoa afirmou que uma mãe disse;

"Lembro-me de uma mãe ter dito uma vez que eu é que sou a má da fita por não dar álcool ao meu filho de catorze anos e ela disse que tinha sido isolada por um grupo de pais que achavam que ela estava a ser condescendente e a fazer juízos de valor" **I.4**

Figura 5:   Percepções dos profissionais sobre a utilização indevida de substâncias pelos adolescentes

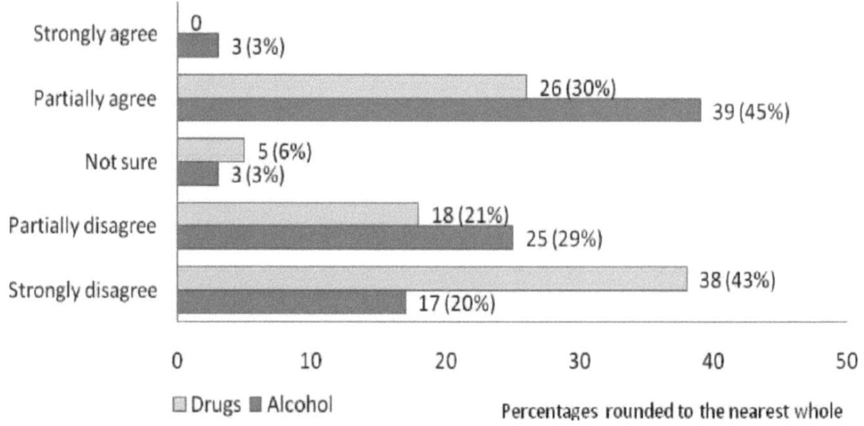

5.3.3 *Percepções dos profissionais sobre os riscos associados ao início precoce da utilização indevida de substâncias*

A pergunta 9 do questionário perguntava a opinião do inquirido em relação ao seguinte

"Os jovens que se envolvem em consumo indevido de substâncias antes dos 16 anos correm maior risco de ter problemas relacionados com o consumo de substâncias ao longo da vida"

Quase metade, 49% (n=43) dos inquiridos concordaram com esta afirmação, outros 36% (n=31) concordaram parcialmente, 8% (n=7) não tinham a certeza e 6% (n=5) discordaram parcialmente (ver Figura 6).

Numa entrevista, um professor que trabalha num projeto de educação alternativa afirmou

"Vi pessoas com quem trabalhei há vinte e um anos e que estão na estrada principal a vender droga, completamente drogadas" **I.6**

Um coordenador de ligação casa-escola afirmou;

"Penso que terá sempre consequências de longo alcance para a criança em termos da sua saúde mental" **I.4**

Um agente de liberdade condicional fez a seguinte reflexão;

"pode ser uma caraterística agravante do seu comportamento delinquente" **I.12**

Um oficial de ligação juvenil declarou;

"A arrogância é ... ... eu consigo controlá-la. Mas quando nos apercebemos que não conseguimos ... ... a coisa apodera-se de nós ... ... Por isso, é uma espécie de trampolim para o álcool, a canábis, os comprimidos, a cocaína, o crack ou o que quer que seja" **I.5**

Figure 6: Professionals perceptions of the risks associated with early onset substance misuse

5.3.4 Reflexões dos profissionais sobre a razão pela qual o abuso de substâncias por alguns jovens passa despercebido até ocorrer uma crise

Nas entrevistas, foram dadas as seguintes explicações para o facto de a utilização abusiva de substâncias poder passar despercebida.

Um oficial de ligação juvenil declarou;

"Se os pais não tiverem os olhos postos na bola, podem passar despercebidos" **I.5**

Um professor fez uma declaração semelhante;

"não têm ninguém que tenha o dedo no pulso com eles" **I.6**

Um agente de liberdade condicional contou;

"falta de comunicação ou problemas conjugais" **I.12**

Um trabalhador de apoio à família reflectiu;

"as pessoas vivem com as drogas; não creio que conheçam os primeiros sinais" **I.2**

Um trabalhador de rua que trabalha com jovens que lidam com drogas partilhou;

"Penso que a primeira coisa a responder é que o trabalho inter-agências é muito deficiente, a comunicação entre todas as agências é deficiente em relação às necessidades dos jovens ... ... o trabalho inter-agências é atroz, é como se eles fossem meus clientes ... temos um serviço para jovens e eles têm um formulário caraterístico que utilizam para fazer o rastreio dos jovens com quem se envolvem .... as suas características activas - uso indevido de substâncias, problemas em casa, problemas com a Garda .... - e, no entanto, nem sonham em referi-los" **I.1**

Um animador de juventude de um estabelecimento escolar fez a seguinte reflexão;

"Se alguém está a experimentar ou a consumir drogas, mas, na verdade, ainda consegue levantar-se e ir para a escola, não está a ter grandes problemas físicos em casa, pode safar-se com isso .... se essa família está a consumir drogas, isso faz parte da norma, por isso nem sequer fazem nada a esse respeito" **I.10**

Um psicólogo fez o seguinte relato;

"Penso que teriam tendência para esconder que se automedicam" **I.9**

Um psiquiatra de crianças e adolescentes declarou;

"Os pais não sabem a que é que devem estar atentos" **I.8**

Uma assistente social fez o seguinte relato;

"Bem, é claro que se está escondido é porque os adultos não se aperceberam dos sinais .... Portanto, os principais adultos não estão a prestar atenção... ... na cultura da classe trabalhadora há uma tolerância muito maior ao haxixe/erva ..... grande tolerância ao álcool. Temos pais adoptivos que consomem erva e temos de lidar com isso" **I.11**

5.4 Acções que podem ser tomadas pelos profissionais se estiverem preocupados com um jovem em relação ao abuso de substâncias.

5.4.1 Acções que podem ser tomadas pelos profissionais se tiverem conhecimento de que a utilização abusiva de substâncias é um problema para um jovem

Os resultados desta investigação mostram que a maioria dos inquiridos, 70% (n=57), falaria com um jovem em primeira instância se tivesse preocupações sobre ele em relação à utilização indevida de substâncias, e 11% (n=9) afirmaram que consultariam um colega inicialmente, enquanto 10% (n=8) indicaram que discutiriam com os pais no início e 3% (n=2) referiram que apoiariam o jovem dentro da sua organização, outros 3% (n=2) especificaram que iriam consultar o serviço de toxicodependência em primeira instância e os restantes inquiridos indicaram que iriam recorrer ao serviço de toxicodependência 1% (n=1), ao serviço de ação social 1% (n=1) ou ao CAMHS 1% (n=1) em primeira instância (ver Tabela 3). Num sistema de classificação de dez pontos, 94% (n=76) indicaram que, em algum momento, discutiriam o problema com o jovem, tendo 67% (n=55) afirmado que encorajariam o jovem a procurar ajuda e 77% (n=63) afirmado que poderiam discutir o assunto com os pais do jovem; 80% indicaram que, em algum momento, encaminhariam o jovem para o serviço de apoio a toxicodependentes e 62% (n=50) afirmaram que, em geral, continuariam a apoiar o jovem na sua organização. O encaminhamento para o serviço social em alguma fase foi considerado como uma opção por 36% (n=29) e o encaminhamento para o CAMHS em qualquer fase foi escolhido por 33% (n=27) dos inquiridos. Alguns inquiridos, 16% (n=13), indicaram que, a um certo nível, ignorariam o problema na esperança de que o jovem pudesse lidar com ele e parar.

Quadro 3: Acções que podem ser tomadas pelos profissionais se estiverem preocupados com um jovem em relação à utilização indevida de substâncias

Ação	1 st	2nd	3rd	4th	5th	6th	7ª	8th	9th	10th	Não escolhido
Discutir com o jovem	57 (70%)	12 (15%)	1 (1%)	3 (4%)	2 (3%)	1 (1%)	0	0	0	0	5 (6%)
Consultar um colega	9 (11%)	8 (10%)	10 (12%	4 (5%)	2 (3%)	5 (6%)	0	0	1 1%	1 1%	41 (51%)
Discutir com os pais	8 (10%)	24 (30%)	12 (15%	8 (10%	5 (6%)	2 (2%)	2 (2%)	2 (2%)	0	0	18 (23%)
Apoio dentro da organização	2 (3%)	6 (7%)	12 (15%	15 (19%	7 (9%)	2 (2%)	4 (5%)	2 (2%)	0	0	31 (38%)
Consultar Dependência Serviço	2 (3%)	2 (3%)	10 (12%)	11 (14%)	10 (12%)	12 (15%)	4 (5%)	0	0	0	30 (36%)
Consultar Dependência Serviço	1 (1%)	2 (3%)	16 (20%	13 (16%	7 (9%)	10 (12%)	13 (16%	2 (2%)	0	1 1%	16 (20%)
Incentivar o jovem a procurar ajuda	1 (1%)	21 (26%)	12 (15%	9 (11%	8 (10%)	2 (2%)	2 (2%)	0	0	0	26 (33%)
Consultar Trabalho social	1 (1%)	3 (4%)	1 (1%)	2 (3%)	5 (6%)	1 (1%)	2 (3%)	11 (14%)	3 4%	0	52 (64%)

| Consultar CAMHS | 0 | 2 (3%) | 2 (3%) | 4 (5%) | 2 (3%) | 2 (3%) | 2 (3%) | 6 (7%) | 6 7% | 1 1% | 54 (67%) |
| Ignorar como podem parar | 0 | 0 | 0 | 0 | 0 | 0 | 0 | 0 | 5 6% | 8 10% | 68 (84%) |

(Percentagens arredondadas ao inteiro mais próximo)

Nas entrevistas, os participantes deram as seguintes indicações sobre o que poderiam fazer se estivessem preocupados com um jovem em relação ao abuso de substâncias.

Um funcionário do sector da educação e da assistência social afirmou;

"certificar-se de que os pais estão cientes e começar a dar algum nível de educação .... obter autorização para os pais encaminharem a criança para um médico de clínica geral ou para um serviço de apoio a toxicodependentes .... muitas das crianças com que nos deparamos, seria encaminhá-las para o serviço de saúde mental infantil" **I.7**

Um trabalhador de rua do sector da droga para jovens declarou

"Primeiro contacto com os pais e depois com o jovem. Se o jovem continuar a consumir drogas, encaminhá-lo-emos para um conselheiro em matéria de toxicodependência, que podemos fornecer internamente, e se acharmos que não está a funcionar, tentaremos pôr em prática as consequências. Por isso, ele pode perder os seus subsídios, pode perder o pequeno projeto em que estamos a trabalhar... Agora, em relação aos encaminhamentos ....., normalmente encaminhamo-lo para si numa fase muito tardia e a razão para isso seria... se eu encaminhar precocemente... você perdeu-o e eu perdi-o" **I.10**

Um coordenador de ligação casa-escola declarou;

"Bem, a primeira coisa que eu faria era falar com eles... estabelecer uma ligação com os pais... e veria que os pais andavam à procura de coisas... duvidavam de si próprios, sim, sem dúvida. É espantoso como alguns pais não consideram que é uma espécie de direito questionar o seu filho" **I.4**

Um assistente social relatou;

"O nosso primeiro protocolo consiste em estabelecer uma ligação com o jovem e com os seus cuidadores imediatos ...... Depois, procuramos saber qual a melhor forma de lidar com a situação .... se há alguma forma de a gerirmos nós próprios .... O que é que o jovem precisa para o ajudar... De certa forma, estamos a olhar para os níveis, e o ideal é que, inicialmente, seja o mais baixo possível" **I.11**

Um psiquiatra especializado em crianças e adolescentes declarou;

"Normalmente, teríamos tempo para eles, para conversar com um jovem sobre o assunto... Suponho que temos sorte por termos um serviço de apoio à

toxicodependência .... aqui perto" **I.8**

5.4.2 Percepções dos profissionais sobre os tipos de intervenções que são mais úteis para os jovens que estão a ter problemas relacionados com a utilização indevida de substâncias

Quando questionados sobre os tipos de intervenções consideradas mais úteis para os jovens que abusam regularmente de substâncias e que podem ter desenvolvido dependência de substâncias, 35% (n=28) dos inquiridos escolheram o aconselhamento individual como primeira preferência, seguido da terapia familiar 27% (n=21); ACRA 10% (n=8); MI 9% (n=7). A SFP, a TCC e o tratamento residencial tiveram a mesma classificação com 5% (n=4) e a intervenção médica com 4% (n=3) (ver Figura 7). Em termos globais, o aconselhamento individual obteve a classificação mais elevada numa estrutura de classificação de intervenções de oito pontos, com um total de não selecções de 3% (n=7) no total de não selecções em todos os tipos de intervenção. A terapia familiar ficou em segundo lugar, com um total de não selecções de 9% (n=25), seguida do SFP, que teve um total de não selecções de 10% (n=27) da categoria global de não seleccionados. Os outros tipos de intervenção classificados com base no total de não selecções foram: TCC 12% (n=33); MI 13% (n=35); ACRA 17% (n=45), com a intervenção médica e o tratamento residencial a ocuparem o mesmo lugar, uma vez que ambos tiveram um total de não selecções de 18% (47).

Nas entrevistas, os inquiridos expressaram as seguintes preferências: um psiquiatra de crianças e adolescentes declarou

"A entrevista motivacional é boa ...... se os pais estiverem envolvidos pode ajudar ... a outra coisa que é útil é um trabalhador externo ... um ou dois ficaram totalmente fora de controlo ... ...acabaram por ir para a unidade de cuidados especiais" **I.8**

Uma assistente social reflectiu;

"Idealmente, o ideal seria que, numa primeira fase, a questão fosse tratada da forma mais simples possível... podemos tratar do assunto nós próprios... e, depois, é necessário encaminhar a questão para serviços como o vosso ou o CAMHS... Apoio a jovens" **I.11**

Um trabalhador de apoio à família declarou;

"Certifique-se de que os pais estão cientes ... encaminhe a criança para o médico de clínica geral ou para o serviço de apoio à toxicodependência ... os pais ... se eles próprios estiverem nos serviços de apoio à toxicodependência ...... não querem que o seu filho vá " **I.2**

Foi identificado um trabalhador de proximidade no domínio da droga para jovens;

"A estratégia número um é a entrevista motivacional ...... a outra coisa é uma cenoura,

é preciso atrair os jovens ... como o passe para o ginásio, ou um pequeno subsídio ou alguma pequena atividade" **I.1**

Figura 7: Percepções dos profissionais sobre os tipos de intervenção considerados mais úteis quando se trabalha com jovens que consomem substâncias ilícitas

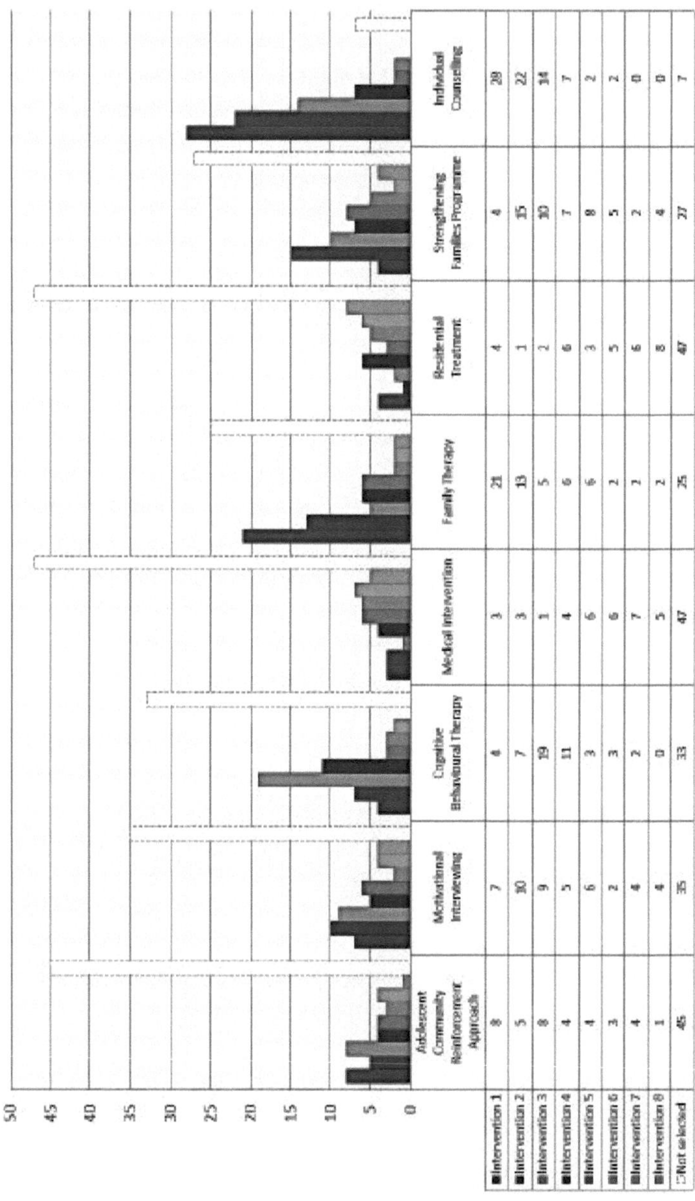

	Adolescent Community Reinforcement Approach	Motivational Interviewing	Cognitive Behavioural Therapy	Medical Intervention	Family Therapy	Residential Treatment	Strengthening Families Programme	Individual Counselling
■ Intervention 1	8	7	4	3	21	4	4	28
■ Intervention 2	5	10	7	3	13	1	15	22
■ Intervention 3	8	9	19	1	5	2	10	14
■ Intervention 4	4	5	11	4	6	6	7	7
■ Intervention 5	4	6	3	6	6	3	8	2
■ Intervention 6	3	2	3	6	2	5	5	2
■ Intervention 7	4	4	2	7	2	6	2	0
■ Intervention 8	1	4	0	5	2	8	4	0
□ Not selected	45	35	33	47	25	47	27	7

5.4.3 Indicações dos profissionais sobre os tipos de serviços para os quais mais provavelmente encaminhariam um jovem que tenha preocupações relacionadas com a utilização indevida de substâncias

Quando lhes foi fornecida uma lista dos tipos de serviços disponíveis na área de influência abrangida por este estudo e lhes foi perguntado qual o serviço para o qual é mais provável encaminharem um jovem que está envolvido em consumo indevido de substâncias, os inquiridos indicaram como primeira preferência o seguinte serviço de toxicodependência 42% (n=33); CAMHS 17% (n=13); apoio familiar 16% (n=12); serviço de juventude 10% (n=8); serviço social 5% (n=4); educação alternativa 4% (n=3); serviços psicológicos 4% (n=3); projeto de delinquência juvenil 1% (n=1); e reuniões de AA 1% (n=1). Um padrão semelhante manteve-se ao longo das segundas preferências dos inquiridos, com o apoio à família a ter maior destaque, com 23% (n=17); o serviço de apoio a toxicodependentes, com 19% (n=14); o CAMHS, com 14% (n=10); o serviço de apoio a jovens, com 14% (n=10); o serviço social, com 7% (n=5); os serviços psicológicos, com 7% (n=5); o ensino alternativo, com 5% (n=4); os serviços de apoio a jovens, com 4% (n=3); as reuniões de NA, com 4% (n=3) e as reuniões de AA, com 3% (n=2). A tendência para a seleção de serviços foi constante ao longo de todo o processo, tanto no sistema de classificação de dez pontos como na forma como os serviços não foram seleccionados (ver Figura 8).

Figura 8: Os profissionais dos serviços têm mais probabilidades de encaminhar um jovem que os preocupa em relação à utilização indevida de substâncias

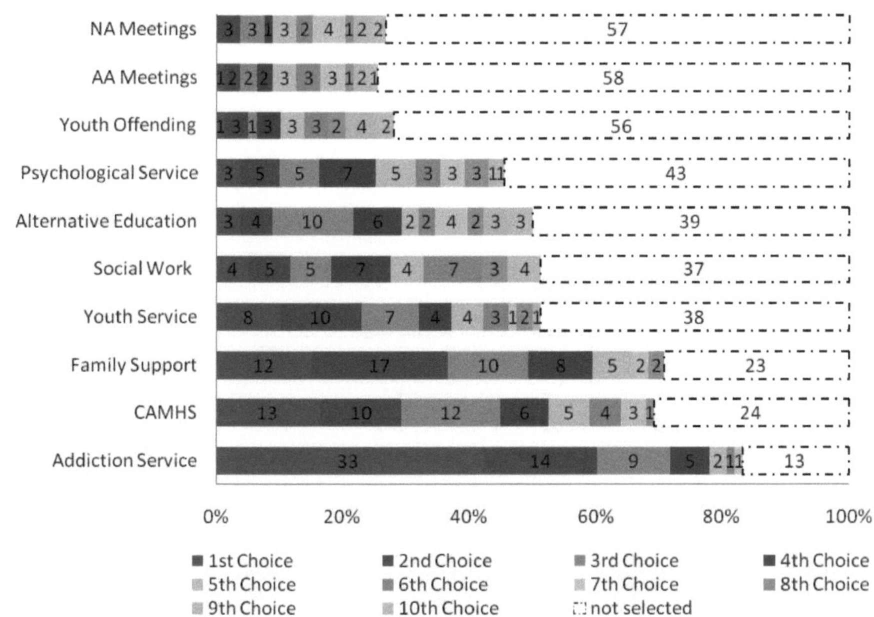

Nas entrevistas, os inquiridos indicaram as seguintes preferências;

Um trabalhador do sector da droga para jovens declarou;

"Médico de clínica geral ... ... o nosso próprio aconselhamento interno ... encaminhá-los para o ensino ... ... se não progredirem ... encaminhamos os pais e o jovem para o vosso serviço" **I.1**

Um psicólogo relatou;

"Um serviço especializado para os jovens que também fala de droga e acolhe as famílias" **I.9**

Um especialista em enfermagem clínica declarou;

"A minha reação inicial é o serviço de toxicodependência... ... ... o mais importante é a parte inter-agências... Tenho de fazer uma avaliação com base no risco ... ... Por isso, a única coisa a fazer é continuar a falar ... ... não quer dizer que sempre que vejo alguém com um charro, o mande para o serviço de toxicodependência. A minha primeira prioridade é a criança, a forma como isso a está a afetar, e os testes de despistagem de drogas vão para o médico de família" **I.3**

Um professor do serviço de ensino alternativo declarou;

"provavelmente um para um ... grupo ... ... é poderoso porque eles estão a abrir-se uns com os outros e estão a ganhar confiança ... muitos jovens têm mais de dezoito anos, por isso não envolveríamos os pais ... ... Eles começam aos quinze anos então ... ... trabalhamos com os pais ... ... tentaríamos encorajá-los a obter alguma ajuda fora daqui" **I.6**

Um trabalhador de apoio à família relatou;

"Bem, quando se começa, tem de ser individual, porque acho que a relação tem de ser construída. O trabalho de grupo, então, sim, é brilhante... ... a não ser que estejamos a trabalhar na família... ... acho que estamos a bater com a cabeça numa parede de tijolo" **I.2**

Um oficial de ligação juvenil informou;

"Contactar os pais .... tentar formar uma frente unida com os pais ... e depois levá-los a uma agência de tratamento ... . por vezes, são os tribunais ... consequências ... ... o diretor nacional de menores pode dizer bem, podemos autorizar uma advertência, colocá-los sob condições estritas que os obrigariam a trabalhar talvez consigo ou com os serviços de juventude ... ... obviamente que o aconselhamento é uma coisa óptima, mas alguns destes jovens não são capazes de o fazer ... ... se os pais não estiverem unidos e não transmitirem a mesma mensagem à criança, esta irá dividir-se e dividir-se " **I.5**

Um animador de juventude num contexto escolar declarou

"Se for uma criança mais velha ... não é uma crise imediata, provavelmente discutiríamos com uma equipa de cuidados, um pai seria trazido, discutiríamos com o pai e o jovem ... ... verificaríamos .... se podemos fazer algum trabalho dentro da escola ... se não for, seriam feitos encaminhamentos para si no HSE ou para o trabalhador de proximidade de drogas e abuso de substâncias" **I.10**

Um coordenador de ligação casa-escola apresentou um relatório;

"um dos principais serviços com que nos relacionamos é ... ... qualquer serviço de saúde mental para crianças e adolescentes ... ... tentámos intervir com clubes de jovens e clubes pós-escolares e apoio à família e é como se fosse necessário passar por uma fase muito séria antes de se fazerem grandes intervenções " **I.4**

5.4.4 Observações e recomendações adicionais feitas pelos inquiridos nos questionários

Os comentários e recomendações adicionais que se seguem foram feitos por alguns inquiridos nos questionários em resposta à pergunta 14, que perguntava "há mais alguma coisa que gostaria de acrescentar?" A lista inclui o número total de respostas. Em resumo, os inquiridos salientaram que, em geral, as questões relacionadas com o abuso de substâncias por parte dos jovens só surgem quando ocorre uma crise. Reconhece-se o papel dos pais, das escolas, dos serviços para jovens e do apoio familiar na vida dos jovens. Além disso, reconhece-se a necessidade de os profissionais que trabalham com adultos que consomem substâncias ilícitas expandirem os seus conhecimentos em relação ao impacto que a toxicodependência dos pais/irmãos tem nas crianças.

1. Conselheiro em matéria de toxicodependência

"Como não trabalho diretamente com jovens, não posso dar um contributo adequado para este trabalho de investigação/dissertação" **P.87**

2. Conselheiro em matéria de toxicodependência

"Como não trabalho diretamente com jovens, não posso dar um contributo adequado para este trabalho de investigação" **P.86**

3. Professor

"Os jovens não dão às escolas informações sobre o seu consumo de drogas/bebidas, etc. Normalmente, é quando o jovem está a passar por uma crise profunda" **P.73**

4. Professor

"Os pais devem ser mais intervenientes e devem ser apoiados na aplicação de limites" **P.70**

5. Responsável pela educação e bem-estar

"Conselheiros de orientação na escola, orientação de adolescentes do ISPCC, programa de orientação externo. **Q.69**

6. Conselheiro

"Como temos um número reduzido de clientes com problemas de toxicodependência, não demos prioridade à expansão dos nossos conhecimentos nesta área e esperamos ter a oportunidade de aprender mais" **P.67**

7. Oficial de ligação juvenil

"Um serviço de apoio à família é muito importante quando se trata de jovens que abusam de substâncias " **P.66**

8. Conselheiro

"CAMHS - só se houver problemas de saúde mental" **P.58**

9. Psicólogo

"Não conheço os pormenores e as funções de alguns dos serviços enumerados" **P.48**

10. Animador de juventude

"Intervenção médica, uma vez que estabelece o 1st local a partir do qual pode ser adoptada a abordagem mais adequada" **Q.44**

11. Animador de juventude

"Os serviços para jovens podem trabalhar com apoios individuais e de grupo para mudar o comportamento do indivíduo e dos seus pares. O nosso, em particular, tem um serviço dedicado à adolescência " **P.42**

12. trabalhador de proximidade

"Aconselhamento de adolescentes, conselheiro de toxicodependência de adolescentes, trabalhador de proximidade, apoio a jovens" **Q.39**

13. assistente social

"Penso que se deve intervir imediatamente em caso de suspeita" **P.34**

14. trabalhador de proximidade

"Só encaminharia para outros serviços se o jovem estivesse sem drogas durante algum tempo" **P.32**

15. Animador de juventude

"As circunstâncias podem influenciar o meu encaminhamento. Raramente responderia a estas perguntas da mesma forma para jovens diferentes" **P.13**

16. Agente de liberdade condicional

"Penso que existe uma grande lacuna nos serviços de apoio à toxicodependência na adolescência" **P.3**

17. Professor

"Considero que a implementação adequada do programa SPHE na escola é muito importante para educar e dar aos alunos a oportunidade de refletir sobre o abuso de substâncias" **P.1**

5.5 Resumo do capítulo

Este capítulo apresentou os resultados dos questionários e entrevistas efectuados para explorar a questão de investigação. Estes resultados serão agora analisados no capítulo seguinte.

CAPÍTULO 6
Discussão

6.1 Introdução

Este capítulo discute os resultados da investigação e fornece uma interação dos resultados, de modo a concretizar os objectivos do estudo, com referência à revisão da literatura e às tendências apresentadas no capítulo quatro, relativas ao contexto da agência. De acordo com os objectivos da investigação, a discussão abordará a compreensão dos profissionais sobre a natureza e a extensão da utilização indevida de substâncias pelos jovens e a sua compreensão dos factores de risco associados ao início precoce da utilização indevida de substâncias. Por fim, são analisadas as acções que os profissionais podem tomar se estiverem preocupados com um jovem em relação ao abuso de substâncias.

6.2 A compreensão dos profissionais sobre a natureza e a extensão do abuso de substâncias pelos jovens

Os inquiridos neste estudo confirmaram, tanto em entrevistas como através de questionários, que têm um bom conhecimento dos tipos de substâncias que os jovens utilizam atualmente. A este respeito, a primeira hipótese foi parcialmente refutada, uma vez que os profissionais estão conscientes, mas não questionam os jovens sobre questões relacionadas com a utilização indevida de substâncias com a frequência que seria de esperar, dada a história da utilização indevida de substâncias na área. O facto de a agência associada a este estudo e os serviços de toxicodependência para adolescentes a nível nacional estarem a lidar com mais reencaminhamentos relacionados com cannabis/erva do que com álcool é talvez uma indicação de que há menos tolerância para o consumo destas drogas do que para o álcool, tal como indicado pelas percepções dos inquiridos sobre o consumo indevido de substâncias pelos adolescentes e pelos relatos de que os pais compram álcool para os filhos. Como indicado no capítulo 4 em relação às tendências, o inquérito ESPAD 2010-2011 (Hibell, *et al.* 2012) e o inquérito HBSC de 2010 (Kelly, *et al.* 2012, p.23) identificam o álcool como a principal substância de consumo indevido, mas reconhecem que a cannabis é a droga ilícita mais frequentemente consumida.

No que se refere à idade em que os jovens começam a experimentar substâncias, os inquiridos desta investigação reflectiram as tendências identificadas nos inquéritos HBSC e ESPAD. No entanto, os níveis de experimentação relatados em cada categoria de idade parecem ser muito maiores nesta investigação do que nos inquéritos realizados nas escolas. Esta diferença pode ser explicada pelo facto de três das cinco comunidades abrangidas por esta investigação serem identificadas como áreas de desvantagem social. Além disso, os relatórios de um coordenador de ligação entre a casa e a escola, segundo os quais 20% dos alunos podem faltar à escola à segunda-feira, e as afirmações de um trabalhador de rua que trabalha com jovens toxicodependentes e de um professor de um projeto de ensino alternativo, segundo as quais mais de 90% dos jovens com quem têm contacto consomem substâncias, confirmam os relatórios que identificam esses jovens como pertencendo a uma categoria de alto risco (Hasse & Pratschke 2010; McCrystal *et al.* 2005). É por esta razão que é necessário direcionar os recursos para aqueles que estão em maior risco, especialmente em tempos de recessão, tal como defendido nos princípios de apoio à família e na literatura mais vasta relativa aos factores de risco e de proteção das populações vulneráveis (Hasse & Pratschke, 2010; Kilgus & Pumariega, 2009; Dolan, *et al.* 2006; Herman-Stahl, *et al.* 2006).

Dadas as circunstâncias acima descritas, a medida em que os inquiridos neste estudo referem ter perguntado aos jovens sobre questões relacionadas com as substâncias parece ser inferior ao que seria de esperar. A abordagem para esclarecer as preocupações relacionadas com o abuso de substâncias é melhor resumida por um assistente social que afirmou: *"De certa forma, estamos a olhar para os níveis, idealmente queremos que seja o mais baixo possível"*. Esta abordagem enquadra-se no modelo de quatro níveis de apoio à família desenvolvido por Hardiker (1991) para distinguir entre diferentes níveis e tipos de apoio. À semelhança do modelo de quatro níveis de tratamento da toxicodependência, no Nível 1 existem serviços que estão disponíveis para todos. Os serviços de nível 2 incluem apoio para quem tem necessidades específicas. Os serviços de nível 3 são mais susceptíveis de serem solicitados se houver preocupações com o bem-estar de uma criança. Os serviços de nível 4 envolvem geralmente uma criança ou um jovem que recebe cuidados fora de casa. Idealmente, um serviço que funcione no âmbito da proteção da criança ou do apoio à família deverá ir além da prestação direta de serviços, identificando intervenções protectoras e preventivas na comunidade, com vista a diminuir os riscos para as crianças e jovens e a reduzir a necessidade de acederem a serviços fora de casa. Existe uma semelhança e complementaridade entre o modelo de intervenção de quatro níveis para o abuso de substâncias e o modelo Hardiker, uma vez que ambos envolvem a avaliação de riscos.

Pinkerton (2006, p.185) propõe que as intervenções "aspiram sempre a reduzir as necessidades e/ou a melhorar a capacidade de resposta para que possam ser satisfeitas a um nível mais superficial do sistema". Entre os inquiridos desta investigação, parece que a maioria dos profissionais adopta uma abordagem pragmática da intervenção, uma vez que tentam construir/manter relações com os jovens. Além disso, tal como foi esclarecido por um jovem toxicodependente, se levantarem a questão da frequência de um serviço de toxicodependência demasiado cedo no seu envolvimento com um jovem, podem não voltar a vê-lo. Assim, o desafio para os profissionais que trabalham nos serviços de nível 1 e nível 2 é estabelecer uma relação e utilizar ferramentas de avaliação eficazes, para além do IM, à medida que exploram as motivações de um indivíduo para a mudança e geram consciência da discrepância entre o comportamento atual e os objectivos de vida desejados (Barrett, *et al.* 2012). Tal como identificado por Duncan e Miller (2000), a relação é fundamental para qualquer abordagem de intervenção.

No entanto, se a principal motivação de um jovem para consumir substâncias for um meio de fuga ou de auto-medicação, ou se for atraído pelo estilo de vida associado ao abuso de substâncias, pode minimizar as consequências da sua atividade (Heavyrunner-Rioux & Hollist, 2010). Nestas circunstâncias, é importante que os profissionais estejam conscientes da multiplicidade de factores de risco que estão associados às circunstâncias de um indivíduo e que encarem a avaliação como um processo que tem em consideração questões pessoais, sociais e contextuais. Para além disso, as avaliações envolvem idealmente os pais, tutores e outras pessoas significativas que fazem parte da vida de um jovem (North Yorkshire Council, 2012). No contexto da avaliação, se for identificado que um jovem se enquadra na categoria de alto risco, será indicada uma consulta inter-agências e multidisciplinar, para além do encaminhamento para um serviço especializado de nível 3 em matéria de abuso de substâncias (Department of Health and Children, 2005; Public Health Agency, Health and Social Care Board 2009).

Nas circunstâncias em que um jovem apresenta dificuldades na escola ou tem uma fraca assiduidade escolar, é essencial que seja efectuada uma avaliação completa das suas necessidades para apoiar a sua retenção antes de ser tomada qualquer decisão em relação à expulsão ou colocação alternativa. Tal como referido por Hasse & Pratschke (2010), é importante que haja uma boa comunicação entre os pais e as escolas. As ausências da escola podem ser utilizadas para incentivar os jovens e os pais a reflectirem sobre as circunstâncias das suas vidas e a iniciarem intervenções para evitar o abandono escolar precoce. A componente essencial para intervenções eficazes para os jovens é a comunicação com as famílias e entre as agências em torno das necessidades de desenvolvimento dos jovens (SAMSHA, 2012; Scottish Government, 2011).

6.3 A compreensão dos profissionais sobre os factores de risco associados ao início precoce da utilização indevida de substâncias.

A literatura reconhece que as circunstâncias pessoais e as características de personalidade, como a baixa auto-confiança ou estima, a falta de assertividade, os problemas com as relações interpessoais, a promiscuidade sexual, a impulsividade e a fraca capacidade de decisão podem determinar quais os indivíduos que desenvolvem problemas relacionados com o consumo de substâncias, mas entende-se que as atitudes sociais geralmente determinam quais as substâncias que são toleradas (Kloep, *et al.* 2001; Pearson & Shiner, 2002; Stein, *et al.* 1987). Tendo em conta a devastação sofrida por algumas famílias das comunidades abrangidas por esta investigação em resultado da epidemia de heroína durante a década de 1990 e o início da década de 2000, é compreensível que os pais manifestem alívio perante os profissionais quando são informados de que os jovens estão a beber álcool ou a fumar cannabis/erva. Nestas circunstâncias, a segunda hipótese parece ser apoiada. Os níveis reduzidos de preocupação em relação ao consumo de álcool, em particular, e em menor grau de cannabis/erva, são espelhados pelas acções dos profissionais quando estes referem que as suas intervenções iniciais ocorrem principalmente a nível organizacional e são de baixo nível.

É preocupante saber que algumas crianças faltam regularmente à escola devido ao consumo abusivo de substâncias e que alguns pais compram álcool para crianças de 13 anos, enquanto outros pais fornecem medicamentos não prescritos às crianças. Além disso, os relatos de que os jovens estão a fumar canábis/erva com os pais, tal como salientado por um jovem trabalhador no domínio da droga, corroboram as conclusões de que alguns jovens são apresentados às substâncias pelos adultos (Godeau, *et al.* 2007). O facto de os profissionais estarem cientes de que tal atividade está a ter lugar exige uma resposta que aborde a questão e suscite preocupações, a fim de evitar que os serviços se envolvam em práticas de conivência ou de facilitação.

Em relação às influências sobre a decisão dos jovens de iniciarem o consumo de substâncias, um pequeno número de inquiridos identificou um vasto leque de factores, tendo o grupo de pares sido considerado como tendo a maior influência entre os inquiridos nos questionários, mas nas entrevistas a maioria dos participantes declarou que a família era a principal influência. Parece surpreendente para este investigador que apenas 3% dos inquiridos nos questionários tenham considerado que as dificuldades escolares contribuíam para o início precoce da toxicodependência, especialmente tendo em conta as provas que indicam uma forte correlação entre o comportamento antissocial de toxicodependência e o abandono escolar (Arteaga, *et al.* 2010; Hasse e Pratschke 2010; Kirby, *et al.* 2008; McCrystal *et al.* 2005). Além disso, no atual clima económico em que o Estado está num acordo de resgate (Healey, *et al.* 2011) e há relatos de um número sem precedentes de famílias que lutam para pagar serviços essenciais (São Vicente de Paulo, 2013). Neste contexto, parece extraordinário que a pobreza só tenha sido identificada por 1% (n=1) dos inquiridos como um fator que influencia a decisão dos jovens em relação ao consumo indevido de substâncias, especialmente tendo em conta que se entende que a infelicidade de crescer na pobreza é um fator social fundamental que influencia a decisão de alguns jovens de iniciar o consumo indevido de substâncias como alívio da miséria (SAMHSA, 2012; Hempill, *et al.* 2011; Arteaga, *et al.* 2011; Stein, *et al.* 1987).

Os factores ambientais foram mencionados com mais frequência nas entrevistas do que os registados nos questionários, mas dado o historial de abuso de substâncias em três das comunidades abrangidas por este estudo, parece a este investigador que 16% é uma avaliação bastante baixa do impacto das influências ambientais no envolvimento dos jovens com o abuso de substâncias na área de influência abrangida por esta investigação. Além disso, dado que 65% dos jovens que frequentam o serviço associado a esta investigação têm um historial de contacto com o CAMHS, parece haver uma subestimação, por parte de alguns inquiridos, da medida em que alguns jovens se automedicam. Assim, a terceira hipótese parece ser apoiada, pois parece que pode ser difícil para os profissionais distinguir a fase inicial da utilização indevida de substâncias de outros comportamentos. Além disso, tal como referido no capítulo 4, as tendências em 2012 em relação ao serviço associado a este estudo revelaram que, no momento da avaliação, 32% tinham um historial de auto-mutilação deliberada, passada ou atual, ou de ideação/comportamento suicida.

Os inquiridos nesta investigação mostraram uma boa compreensão das consequências que podem ocorrer em resultado do início precoce do consumo indevido de substâncias, tal como se reflecte nos relatórios dos agentes da liberdade condicional, que afirmaram que pode ser uma caraterística agravante da infração. Um relatório do The Probation Service (2012) revela que 89% dos delinquentes adultos em liberdade condicional tinham consumido drogas ou álcool. No âmbito desta investigação, um coordenador de ligação casa-escola expressou a opinião de que terá sempre consequências de longo alcance para uma criança em termos da sua saúde mental, enquanto um gabinete de ligação juvenil identificou a natureza progressiva do abuso de substâncias. Além disso, um exemplo dado por um professor no âmbito de um projeto de educação alternativa dá uma indicação de como as circunstâncias de um indivíduo podem progredir no pior cenário possível, quando relataram ter visto pessoas com quem trabalhavam na estrada principal a vender drogas.

Dada a devastação sofrida em resultado do abuso de heroína nas comunidades associadas a esta investigação, não é invulgar que os inquiridos mostrem uma maior tolerância ao álcool e, em menor grau, à cannabis/erva, como indicado na figura 5. Se a utilização abusiva de substâncias for encarada numa perspetiva de redução de danos, é evidente que o álcool e a cannabis/erva se situam no extremo inferior da escala, em comparação com a heroína ou a cocaína. Foi esta perspetiva que manteve os serviços de álcool e de droga separados até aos últimos anos, com o aparecimento do Steering Group Report on a National Substance Misuse Strategy (Department of Health 2012). A familiaridade com as substâncias e os seus efeitos cria frequentemente uma atitude muito descontraída em relação ao seu consumo. Os estudos sugerem que os jovens que consomem regularmente álcool ou canábis são mais propensos do que os consumidores recreativos a ter um historial de consumo abusivo de substâncias ao longo da vida (Sigman, 2013; Guttannova, *et al,* 2011 Chabrol, *et al.* 2006 Mayock, 2000). No entanto, Treadway (1989) afirma que algumas pessoas podem aprender a gerir o seu consumo de substâncias de forma controlada, mas salienta que o abuso é claramente um precursor da dependência.

Em última análise, se os adultos tiverem atitudes menos rígidas em relação ao abuso de substâncias, podem tornar-se menos vigilantes em relação à experimentação dos jovens e mais tolerantes em relação a algumas substâncias. Nestas circunstâncias, o abuso de substâncias por parte dos jovens pode passar despercebido, especialmente se eles estiverem a conseguir funcionar a um certo nível, como referem o assistente social e o coordenador de ligação casa-escola. Além disso, como sublinhou o técnico de toxicodependência juvenil, se não houver uma boa comunicação entre as agências em relação aos jovens, é possível que estes passem despercebidos.

6.4 Acções que podem ser tomadas pelos profissionais se estiverem preocupados com um jovem em relação ao abuso de substâncias.

A maioria dos inquiridos nos questionários e dos que participaram nas entrevistas referiu que falaria com um jovem em primeira instância se estivesse preocupado com ele em relação à utilização indevida de substâncias. Numa escala de dez pontos, as preferências de intervenção inicial dos inquiridos seguiram o seguinte padrão nas suas acções de intervenção de 1st a 3rd : 86% indicaram que falariam com o jovem; 55% referiram que falariam com os pais; 42% afirmaram que encorajariam o jovem a procurar ajuda e 33% indicaram que consultariam um colega, enquanto 25% referiram que apoiariam um jovem na sua organização. Foi revelado que, entre as fases de intervenção 3rd e 6th , a maioria dos inquiridos declarou que começaria a procurar ajuda fora da sua organização para obter aconselhamento ou encaminhamento. Além disso, é significativo o facto de um trabalhador de proximidade ter afirmado que só recorreria a outra organização se o jovem estivesse livre de drogas. Nestas circunstâncias, este investigador estaria interessado em saber mais sobre as suas abordagens ao trabalho com jovens que estão ativamente envolvidos na utilização indevida de substâncias.

Quando foi dada aos inquiridos uma lista dos tipos de serviços disponíveis na sua área, a maioria considerou uma série de opções, com os serviços de toxicodependência a destacarem-se, seguidos dos CAMHS; apoio à família; serviço de juventude; serviço social; educação alternativa e serviços psicológicos. Nas entrevistas, quatro dos doze entrevistados (33%) mencionaram que encorajariam os pais a procurar inicialmente uma consulta com o seu médico de família. Este padrão de encaminhamento ajuda a explicar como é que a maioria dos jovens que frequentam os serviços de apoio às toxicodependências associados a esta investigação são conhecidos por várias agências, para além das escolas, antes de serem encaminhados. É indicativo da necessidade de uma colaboração mais estreita entre a agência associada a esta investigação e os médicos de clínica geral que trabalham na área de influência. Além disso, o facto de a maioria dos inquiridos nos questionários ser da opinião de que o aconselhamento individual é a intervenção mais adequada esclarece a razão pela qual os encaminhamentos são recebidos numa fase avançada da trajetória de abuso de substâncias de um jovem. Tal como sublinhado na revisão da literatura, o aconselhamento individual e a terapia cognitivo-comportamental combinados com intervenções baseadas na família são considerados os mais eficazes para os jovens que se dedicam à toxicodependência (Hendriks, *et al.* 2011; Henderson, *et al,* 2010; Barrett, *et al.* 2012; Becker & Curry, 2008). Em circunstâncias em que há vários membros da família envolvidos na utilização indevida de substâncias, propõe-se que a intervenção englobe uma perspetiva sistémica e que trabalhar a nível individual pode ser improdutivo (Low, *et al.* 2012; Becona, *et al.* 2012; Henderson, *et al.* 2010; Percy, *et al.* 2008).

Uma outra explicação para o facto de alguns profissionais considerarem o encaminhamento para um serviço de apoio à toxicodependência numa fase posterior pode estar relacionada com o facto de as agências serem financiadas para apoiar intervenções com jovens em risco (Department of Community, Rural and Gaeltacht Affairs 2009). Tal como indicado por um trabalhador de rua que trabalha com jovens toxicodependentes, que afirmou que apoiaria um jovem dentro da sua organização através de actividades e incentivos monetários, juntamente com trabalho de grupo, educação e aconselhamento sobre a dependência, se necessário. Além disso, um assistente social, um assistente de jovens, um assistente de apoio à família, um enfermeiro especialista em enfermagem clínica e um psiquiatra indicaram que trabalhariam inicialmente com jovens no seu serviço. O desafio para todos os profissionais é saber quando é que as circunstâncias de um jovem estão numa fase em que requerem um nível diferente de intervenção. É por esta razão que é importante que os serviços que operam no âmbito do quadro hierárquico estejam em contacto regular.

Para além dos jovens a quem são oferecidas intervenções de nível 1 e de nível 2, parece haver também um grupo que consegue funcionar a um certo nível sem suscitar preocupações por parte dos adultos, tal como identificado nas entrevistas com o coordenador de ligação casa-escola, o oficial de ligação juvenil, o assistente social, o assistente juvenil, o psiquiatra e o psicólogo. É possível que a tolerância ao consumo de substâncias entre os jovens tenha atingido um novo limiar, especialmente em relação ao álcool e à cannabis/erva, como indicado pelo número de inquiridos que concordam parcialmente ou não têm a certeza de que esse consumo pelos adolescentes seja aceitável. É preocupante o facto de 23% dos inquiridos não considerarem os pais como um recurso a qualquer nível e de outros 22% só os consultarem numa fase posterior no âmbito de uma intervenção. É uma indicação de que um grupo significativo de profissionais subestima a medida em que os pais podem influenciar o comportamento dos jovens, tal como identificado por (Wright, *et al.* 2007; Graham, *et al.* 2006; Kloep, *et al.* 2001), ou que não confiam na aptidão dos pais para intervir, talvez devido ao facto de estarem conscientes do abuso de substâncias num contexto familiar. No entanto, mesmo em circunstâncias em que há vários membros da família envolvidos no consumo indevido de substâncias, propõe-se que a intervenção envolva todos os membros da família (Low, *et al* 2012; Becona, *et al,* 2012; Percy, *et al.* 2008;). Isto pode ser facilitado através de apoio familiar direto ou num contexto terapêutico.

O facto de ter havido um baixo nível de resposta por parte dos conselheiros que trabalham nos serviços de toxicodependência para adultos do HSE abrangidos por este estudo e de os trabalhadores de proximidade do HSE não terem participado significa que a riqueza da sua experiência não é captada pela investigação. Tal como referido no capítulo 3, é compreensível que os profissionais se sintam desconfortáveis em participar numa investigação que está a ser realizada por alguém que trabalha na sua organização. No entanto, teria sido útil compreender os desafios enfrentados no trabalho com adultos que abusam de substâncias, uma vez que se sabe que a maioria dos adultos com problemas de abuso de substâncias ou de saúde mental teve início antes dos 18 anos de idade (Guttannova, *et al,* 2011; Hempill, *et al.* 2011; Organização Mundial de Saúde, 2007). Tal como identificado por Butler (2002, p.44), os especialistas em toxicodependência não deram prioridade às questões relacionadas com os cuidados infantis e os assistentes sociais não desafiaram a mística do tratamento da toxicodependência, pelo que as crianças que vivem nestas circunstâncias raramente viram as suas necessidades satisfeitas.

Nos casos em que os pais de um jovem têm problemas combinados de droga e álcool, bem como problemas de saúde mental, há um risco acrescido de desenvolverem dificuldades de abuso de substâncias (SAMHSA, 2012; Stein, *et al.* 1987). Isto é algo que foi salientado por Shannon & Gibbons (2012) num relatório sobre as mortes de crianças e jovens conhecidos pelos serviços de proteção de menores na Irlanda nos anos 2000-2010. Nestas situações, recomenda-se que os serviços de apoio aos toxicodependentes e aos alcoólicos sejam ativamente integrados no sistema de proteção das crianças, uma vez que os profissionais que trabalham com adultos que abusam de substâncias devem ter a capacidade de alertar os assistentes sociais para os riscos para as crianças (Shannon & Gibbons, 2012; NCAD, 2011b;).

É encorajador ver que o plano de serviço do HSE para 2013 propõe o estabelecimento de um Guia de Implementação do Children's First and Hidden Harm em combinação com o desenvolvimento de um módulo de formação piloto em pelo menos uma área de serviço de dependência do HSE, com o compromisso de progredir na implementação noutras áreas (HSE, 2013c, p.41). Fundamentalmente, 2013 assinala um marco significativo em termos de proteção da criança na Irlanda, uma vez que os serviços para crianças e família serão desvinculados do HSE para uma nova agência, a Agência de Apoio à Criança e à Família, que incorpora serviços de educação e bem-estar e serviços de apoio à família (HSE, 2013c). Além disso, os CAMHS estão agora a trabalhar com jovens até aos 17 anos de idade desde janeiro de 2013 e irão trabalhar com jovens até aos 18 anos de idade a partir de janeiro de 2014 (HSE, 2012a, p.5). Além disso, a prestação de serviços a crianças e jovens pode ser ainda mais reforçada na sequência da aprovação do referendo sobre as crianças em 2012 (Shannon, 2013).

Os serviços de tratamento da toxicodependência do HSE estão também a sofrer uma transformação, uma vez que a natureza do consumo de droga está a mudar e o Drug Treatment Centre Board (DTCB), que funcionava no âmbito do Departamento de Saúde, está a ser integrado nos serviços de toxicodependência do HSE (HSE, 2013c). A este respeito, a posição única dos serviços de inclusão social no âmbito do HSE permite o desenvolvimento de práticas de trabalho colaborativo a nível organizacional e entre outras agências dos sectores estatutário, voluntário e comunitário, no sentido de fazer progredir os protocolos relativos à proteção das crianças e ao trabalho entre agências. Além disso, com a aprovação da Lei do Executivo do Serviço de Saúde (Governação) de 2012, o HSE está a sofrer uma transformação e está a tornar-se mais um organismo de comissionamento do que um prestador direto de cuidados de saúde. No entanto, independentemente das estruturas, se for dado um enfoque semelhante à introdução de medidas protectoras e preventivas nos serviços de apoio à toxicodependência, tal como tem sido aplicado nos programas de redução de danos, existe a possibilidade de quebrar o ciclo da toxicodependência que tem afetado tantas famílias. Além disso, o HSE adoptou os Padrões de Qualidade nos serviços de álcool e drogas (QuADS), que é um quadro de padrões de qualidade desenvolvido pela Drug Scope e pela Alcohol Concern no Reino Unido em 1999 (drugs.ie, 2013). O objetivo é permitir que os serviços de apoio à toxicodependência, tanto no sector estatutário como no voluntário, se tornem mais compatíveis com a qualidade (HSE, 2012b).

6.5 Resumo do capítulo

Os inquiridos nesta investigação revelaram um bom nível de conhecimento relativamente à natureza e à extensão do consumo indevido de substâncias pelos jovens. Além disso, a maioria indicou ter conhecimento da faixa etária em que os jovens iniciam o consumo indevido de substâncias. A este respeito, a primeira hipótese foi parcialmente refutada, uma vez que os profissionais estão cientes das tendências actuais, mas não questionam os jovens sobre questões relacionadas com o consumo indevido de substâncias com a frequência que seria de esperar, dada a história do consumo indevido de substâncias na área. Em relação à segunda hipótese, que considera a possibilidade de existir um maior nível de tolerância para algumas categorias de consumo de substâncias por parte dos jovens, foi revelado que existe um elevado nível de tolerância para o álcool e, em menor grau, para a canábis/erva. Além disso, os inquiridos mostraram consciência de que alguns pais toleram e facilitam o consumo de substâncias pelos filhos.

Em relação aos factores que influenciam a decisão dos jovens de iniciar o consumo de substâncias, o maior número de inquiridos nesta investigação considerou as influências dos pares como as mais significativas, seguidas dos factores familiares. O número de inquiridos que considerou as influências ambientais foi baixo, tendo em conta a história do consumo de droga nas comunidades abrangidas pelo estudo. Mais importante ainda, a pobreza ou os problemas na escola não tiveram lugar de destaque na interpretação dos inquiridos sobre os factores que influenciam o consumo indevido de substâncias pelos jovens. De um modo geral, os inquiridos indicaram estar cientes das consequências negativas do início precoce do consumo indevido de substâncias e de que este pode passar despercebido se os adultos não estiverem vigilantes.

A maioria dos inquiridos mostrou preferência pelo aconselhamento individual como intervenção, em detrimento de modelos de prática comprovados, como a TCC, a IM e as abordagens baseadas na família. Além disso, os inquiridos referiram principalmente que seriam envidados esforços para apoiar um jovem dentro da sua organização antes de procurarem uma consulta externa ou considerarem o encaminhamento. Além disso, alguns inquiridos indicaram falta de apreço pela inclusão ou consulta dos pais, enquanto um pequeno número indicou níveis fracos de sensibilização para as questões dos jovens relacionadas com a utilização indevida de substâncias. Foi sublinhada a necessidade de melhorar a comunicação e o trabalho inter-agências. O próximo capítulo apresenta recomendações decorrentes das conclusões apresentadas neste capítulo.

CAPÍTULO 7

Conclusões e recomendações

7.1 Conclusão

É importante reconhecer que há uma quantidade significativa de trabalho de qualidade a ser realizado por organizações oficiais, voluntárias e comunitárias de apoio aos jovens e às famílias que procuram resolver problemas relacionados com a utilização indevida de substâncias. Nos limites desta investigação, não foi possível reconhecer a diversidade de serviços e práticas que existem nas comunidades que constituem a área de influência abrangida por este estudo. Tal como referido no capítulo anterior, 2013 marca um período significativo em termos de proteção das crianças na Irlanda e, ao mesmo tempo, os serviços de tratamento da toxicodependência estão a sofrer transformações com a fusão de agências e a integração dos serviços de droga e álcool. É neste contexto que se enquadram as recomendações apresentadas a seguir, baseadas inteiramente nos temas-chave que emergem desta investigação e informadas pela revisão da literatura. De acordo com os objectivos da investigação, o investigador e a agência associada a este estudo têm a responsabilidade de ser pró-activos no progresso das recomendações.

7.2 Recomendações

7.2.1 Avaliação

Sempre que existam preocupações relativamente a um jovem, seja a que nível for, é importante efetuar uma avaliação completa das suas necessidades. Uma avaliação integrada visa obter uma compreensão completa dos acontecimentos e situações que têm impacto na vida dos jovens, a fim de informar as acções e decisões que os ajudem a atingir o seu potencial. Em circunstâncias em que existem problemas contínuos de abuso de substâncias, é essencial que se recorra a uma agência especializada no âmbito do trabalho de uma equipa multiagências e interdisciplinar. Considera-se que os jovens com doenças como a PHDA ou a impulsividade correm um risco acrescido de desenvolver problemas relacionados com o consumo abusivo de substâncias e outras formas de comportamentos anti-sociais. Assim, é vital que os profissionais que trabalham com esses jovens estejam conscientes das consequências que resultam quando as questões que envolvem o abuso de substâncias não são abordadas.

7.2.2 Apoio à família

O envolvimento dos pais, cuidadores e outras pessoas significativas na vida dos jovens é fundamental para a sua saúde, bem-estar e estabilidade. Por conseguinte, os profissionais devem estar conscientes dos benefícios de apoiar as famílias no sentido de reforçar os apoios informais, especialmente quando existe um historial familiar de abuso de substâncias. A prestação de serviços de apoio à família em todos os formatos, desde a informação, o apoio prático direto, os grupos de apoio aos pais ou a terapia familiar, pode contribuir para a capacitação dos pais e dos prestadores de cuidados, especialmente quando um jovem se envolve em abuso de substâncias. Considera-se que os jovens beneficiam de alguma proteção quando os pais comunicam abertamente, dão apoio emocional e controlam a atividade dos filhos. Nas circunstâncias em que um jovem é afetado pela utilização abusiva de substâncias por parte dos pais, o apoio familiar pode ser considerado como o primeiro passo mais adequado para avaliar e tratar o impacto dessa atividade. No contexto do modelo escalonado de apoio à família e com a supervisão dos serviços de proteção da criança, essa intervenção pode eliminar a necessidade de um jovem necessitar de cuidados fora de casa.

7.2.3 Trabalho inter-agências

O estabelecimento de protocolos entre serviços constitui uma boa prática no interesse das crianças e das famílias. A este respeito, existem recomendações específicas no Relatório do Grupo de Trabalho sobre o tratamento de menores de 18 anos (Ministério da Saúde e da Infância, 2005); na Estratégia Nacional de Luta contra a Droga 2009-2016 (Ministério dos Assuntos Comunitários, Rurais e de Gaeltacht, 2009) e no Relatório do Grupo Diretor sobre uma Estratégia Nacional de Utilização Indevida de Substâncias (Ministério da Saúde, 2012). É importante que estas recomendações sejam levadas por diante e que os profissionais saibam como responder a questões de proteção da criança. É necessária uma resposta de várias agências quando a vida das crianças é afetada pelo abuso de substâncias pessoal e/ou parental. É essencial que todos os profissionais e agências, especialmente os médicos de clínica geral, tenham uma boa compreensão do modelo de intervenção por níveis, de modo a que sejam efectuados encaminhamentos adequados e atempados quando é identificada uma necessidade específica.

7.2.4 Retardar o início da atividade

A intervenção precoce e os esforços para ajudar os jovens a retardar a indução ou a evitar o consumo de substâncias em primeira instância são susceptíveis de ter um impacto nas trajectórias de vida em termos de consumo de substâncias. O reforço da tomada de decisões pelos jovens pode atrasar ou inibir o seu envolvimento em actividades nocivas, incluindo o consumo abusivo de substâncias. A este respeito, os jovens devem ser apoiados no desenvolvimento da sua capacidade de resistência e na gestão da gratificação retardada em todos os contextos. Dada a proeminência da influência dos pares como fator de previsão do consumo indevido de substâncias na adolescência, é importante apoiar os jovens no desenvolvimento de interesses/actividades que possam conduzir a associações positivas com o grupo de pares. Além disso, os pais/encarregados de educação devem ser informados e envolvidos sempre que haja preocupações dos jovens em relação à utilização indevida de substâncias.

7.2.5 Levantamento de preocupações

Nas situações em que os profissionais têm conhecimento de que os jovens se dedicam ao consumo indevido de substâncias, é importante que possam identificar processos e estratégias para aumentar a preocupação com essa atividade entre os próprios jovens e com os seus pais, tutores e outros adultos. Especialmente em circunstâncias em que os pais ou outras pessoas significativas estejam a facilitar o consumo indevido de substâncias e em que haja sinais de que o consumo de substâncias por parte de um jovem vai para além da curiosidade e da experimentação. A falta de ação pode ser vista como conivente e facilitadora. As organizações e os serviços que estão idealmente posicionados para avaliar as circunstâncias de um jovem e para manifestar as suas preocupações incluem: Tribunais, serviço de JLO, agentes de liberdade condicional, hospitais, escolas, centros de formação, assistentes sociais, médicos de clínica geral, enfermeiros, serviços de toxicodependência para adultos, serviços para jovens e serviços de apoio à família.

7.2.6 Retenção escolar

O ambiente escolar é talvez o ambiente mais significativo e influente na vida dos jovens, onde os adultos não parentais podem identificar riscos e tendências. Quando a participação ou a assiduidade de um jovem na escola é motivo de preocupação, pode ser indicativo de perturbação ou ausência de apoio noutras áreas da sua vida. Como tal, os professores estão a desempenhar um papel central na identificação de problemas para os jovens e na manifestação de preocupações. Por conseguinte, é importante, a nível político, garantir que as escolas disponham de recursos e que os jovens sejam encorajados e apoiados a permanecer no ensino regular, em conformidade com o objetivo fixado pela Estratégia Nacional de Luta contra a Droga 2009-2016. É igualmente importante que as estatísticas nacionais não ocultem o que está a acontecer nas comunidades locais. Para além do trabalho com os jovens, é necessário apoiar uma boa comunicação e uma boa relação entre as escolas e os pais, a fim de melhorar as experiências escolares das crianças e aumentar potencialmente a retenção escolar.

7.2.7 Desenvolvimento profissional

No contexto do desenvolvimento profissional contínuo, é necessário centrar-se nas práticas de colaboração e na partilha de conhecimentos e competências entre disciplinas, especialmente entre os serviços de toxicodependência para adultos e adolescentes. Apreciar as abordagens mais eficazes para trabalhar com jovens ou adultos em relação à toxicodependência pode ajudar a evitar intervenções transversais e a promover a sensibilização para as vias de encaminhamento no âmbito do quadro de intervenção escalonada. Para além dos programas de formação em TCC e IM, é necessário que os profissionais compreendam as intervenções que incluem a família e as redes sociais e de apoio mais alargadas.

7.2.8 *Mudança organizacional*

Para que sejam alcançados bons resultados para as crianças, os jovens, as famílias e as comunidades, é essencial que os modelos de boas práticas sejam apoiados a nível organizacional e que a cooperação e a colaboração interdisciplinar e entre agências sejam incentivadas. De acordo com a Carta de Otava (OMS 1986), a concentração em medidas activistas e protectoras/preventivas e de promoção da saúde, para além dos programas de redução de danos, permitiria quebrar o ciclo de dependência que tem afetado tantas famílias. No contexto da integração dos serviços de álcool e droga, existe uma oportunidade para os serviços de toxicodependência do HSE alargarem o processo de consulta quando analisam questões práticas e formulam políticas. Dada a ênfase crescente na proteção da criança, no apoio à família e no trabalho inter-agências, as abordagens de intervenção em relação à toxicodependência podem alcançar resultados diferentes se forem vistas através de uma lente de promoção da saúde e do bem-estar da criança, por oposição à redução e contenção dos danos. Para tal, será necessário mudar a forma de pensar, passando de perspectivas essencialmente médicas para abordagens terapêuticas avançadas que transcendam as simples explicações de causa e efeito e incluam os aspectos do contexto do indivíduo no processo de tratamento.

7.2.9 *Contexto político*

Para além do trabalho que está a ser feito para abordar o patrocínio e a publicidade das indústrias do álcool e do tabaco, é necessário que os governos nacionais e outras organizações revejam a prática de incluir as crianças nas categorias de adultos quando se referem a níveis "normais" de consumo de álcool. Além disso, os pais e outros adultos necessitam de informação sobre os riscos e os efeitos nocivos do início precoce do consumo indevido de substâncias, para poderem fazer escolhas informadas e tomar uma posição relativamente ao consumo indevido de substâncias pelos adolescentes.

7.2.10 *Investigação adicional*

Esta investigação sugere que pode haver mérito na realização de um estudo mais aprofundado sobre as percepções dos profissionais em relação ao consumo indevido de substâncias pelos jovens, especialmente tendo em conta a cultura de abuso de álcool na sociedade irlandesa e a crescente tolerância em relação à cannabis/erva. Além disso, pode ser útil investigar as necessidades dos profissionais que trabalham nos serviços para adultos, em termos de identificação das suas necessidades de formação, a fim de desenvolverem a sua capacidade de avaliar os riscos para as crianças quando os pais e os irmãos consomem substâncias ilícitas. Além disso, existe a possibilidade de realizar investigação entre os CAMHS e os serviços de toxicodependência para adolescentes, a fim de explorar formas de identificar e responder às necessidades específicas dos jovens que têm problemas de saúde mental concomitantes.

Referências

Alcohol Action Ireland (2013) *Binge Drinking Takes Hold of Irish Teens,* Disponível em: http://alcoholireland.ie/2012/binge-drinking-takes-hold-for-irish-teens/ (Acesso em 2 de janeiro de 2013).

Alcohol Policy Youth Network (2012) *Report on the impact of marketing, price and availability of alcohol on young people's consumption levels.* Disponível em: http://www.drugsandalcohol.ie/ 16952/1/Alcohol_Policy _Youth_Network_marketing- youth-study.pdf (Acedido em: 10 de outubro de 2012).

Allen, D., Coombes, L. & Foxcroft, D.R. (2007) 'Cultural Accommodation of the Strengthening Families Programme 10-14: UK Phase 1 Study", *Health Education Research,* 22 (4), pp. 547-560.

Amonini, C. & Donovan, R. (2006) 'The relationship between youth's moral and legal perceptions of alcohol, tobacco and marijuana and use of these substances', *Health Education Research,* 21 (2), pp. 276-286.

Anderson, B., Miller, P. Beck, F. & Chomynova, P. (2009) 'The prevalence of and perceived risks from drug use among teenagers in 33 European countries', *Journal of Substance Use,* 14 (3-4), pp. 189-196.

Anna Liffey Drugs Project (2007) 'now & next ALDP strategic Plan 2007-2011', Dublin: Anna Liffey Drugs Project, 48 Middle Abbey Street.

Arnett, J.J. (2000) 'Emerging Adulthood: A Theory of Development From the Late Teens Through the Twenties", *American Psychologist, The American Psychological Association,* 55 (5) pp. 469-480.

Arteaga, I., Chen, C.C. & Reynolds, A.J. (2010) 'Childhood predictors of adult substance abuse', *Children and Youth Services' Review,* 32, pp. 1108-1120.

Atkinson, R.L., Atkinson, R.C. & Hilgard, E.H. (1983) *Introduction to Psychology,* 8th edn, San Diego, New York, London, Sydney, Toronto, etc. Harcourt, Brace, Jovanovich Publishers. Harcourt, Brace, Jovanovich Publishers.

Ballyfermot Drugs Task Force (2010) Fact Sheet: An information leaflet regarding 'legal high' drugs available in head shops, Dublin: Ballyfermot Drugs Task Force.

Barrett, E., Sussman, S. Smith, C. Roribach, L.A. & Sparijt-Metz, D. (2012) 'Entrevista Motivacional para o Uso de Substâncias por Adolescentes: A review of literature", *Addictive Behaviour,* 37, pp. 1325-1334.

Barry, H. (2010) *Flagging the Problem A New Approach to Mental Health,* 2dn edn, Dublin: Liberties Press.

Becker, S.J. & Curry, J.F. (2008) 'Outpatient Interventions for Adolescent Substance Abuse: A Quality of Evidence Review", *Journal of Consulting and Clinical Psychology,* 76 (4), pp. 531-543.

Becona, E., Martinez, U. Calafat, A. Juan, J. Duch, M. & Fernandez-Hermida, J.R. (2012) 'How does family disorganisation influence children's drug use? Uma revisão", *Addiccones,* 24 (3), pp. 253-268. Disponível em:

http://www.irefrea.org/uploads/PDF/Becona_etal_2012_Desorganizacion%20familia r.pdf (Acesso em: 8 de janeiro de 2013).

Butler, S. & Mayock, P. (2005) 'An Irish solution to an Irish problem: harm reduction and ambiguity in the drug policy of the Republic of Ireland', International Journal of Drug Policy, 16 (6), pp. 415-422.

Butler, S. (2002). "Addiction Problems, Addiction Services, and Social Work in the Republic of Ireland", *Journal of Social Work Practice in the Addictions,* 2, pp. 31-48.

Byrne, P. (2006) "Psychopharmacology of Adolescent Addiction & Co-Morbidity", conferência de dois dias sobre o tratamento da toxicodependência na adolescência, The Davenport Hotel, Dublin, 16-17 de novembro.

Calfat, A., Kronegger, L. Montse, J. Duch, M.A. & Kosir, M. (2011) ' Influência da rede de amigos no consumo de drogas e comportamentos violentos entre jovens no contexto recreativo noturno' *Psicothema,* 4, pp. 544-551.

Carr, A. (2010) *What Works with Children, Adolescents', and Adults? A Review of Research on the Effectiveness of Psychotherapy,* 2nd edn, Londres: Rutledge.

Chabrol, H., Chauchard, E. Mabila, J.D. Mantoulan, R. Adèle A. & Rousseau, A. (2006) 'Contributions of social influences and expectations of use to cannabis use in high-school student's', *Addictive Behaviour,* 31, pp.2116-2119.

Chaskin, R.J. (2008) 'Resilience, Community, and Resilient Communities:

Conditioning Contexts and Collective Action', *Child Care in Practice,* 14 (1), pp. 6574.

Chaskin, R.J. (2006) 'Family Support and Community-based Practice: Considering a Community Capacity Framework for Family Support Provision", em Dolan, P., Canavan, J. & Pinkerton, J. (eds.) *Family Support as Reflective Practice.* London: Jessica Kingsley Publishers

Chassin, L., Flora, D.B. & King, K.M. (2004) 'Trajectories of Alcohol and Drug Use and Dependence from Adolescence to Adulthood: The Effects of Familial Alcoholism and Personality", *Journal of Abnormal Psychology,* 113 (4), pp. 483-498.

Chrysalis CDP (2009) "Harm Reduction for Crack Cocaine Users", Chrysalis CDP, Dublin

Clinical digest (2012) 'Self -medicating with marijuana may offer pain relief but carries possible mental health risks', *Nursing Standard,* 26 (46), p. 16.

Coleman, J.C. (2011) *The Nature of Adolescence,* 4th edn London: Routledge.

Connolly, J. (2010) 'Debt-related intimidation of drug users and their families' *drugnet Ireland: Alcohol and Drug Research Newsletter,* 33 (1) pp. 21-22. Disponível em: www.drugsandalcohol.ie (Acedido em 8 de janeiro de 2013).

Creswell, J. & Plano Clarke, V.L. (2007) *Designing and Conducting Mixed Methods Research,* Califórnia: Sage Publications Ltd.

Cutrona, C. (2000) 'Social Support Principles for Strengthening Families', em Canavan, J. Dolan, P. & Pinkerton, J. (eds.) *Family Support: Direction from Diversity.* London: Jessica Kingsley Publishers.

DeHann, L. & Boljevav, T. (2010) 'Alcohol Prevalence and Attitudes Among Adult and Adolescents': Their Relation to Rural Communities", *Journal of Child & Adolescent Substance Abuse,* 19, pp. 223-243.

De Leeuw, E. & Collins, M. (1997) 'Data Collection Methods and Survey Quality: An Overview" em L. Lyberg, P. Biemer e M. Collins (eds.) Survey Measurement and Process Quality, Nova Iorque: Wiley, pp. 199-220.

DeVaus, D. (2002) *Surveys in Social Research,* 5th edn, Austrália: Allen & Unwin.

Dolan, P., Pinkerton, J. & Canavan, J. (2006) 'Family Support: From Description to Reflection" em Dolan, P., Canavan, J. e Pinkerton, J. (eds.) *Family Support as Reflective Practice.* London: Jessica Kingsley Publishers.

Dolan, P., Canavan, J. & Pinkerton, J. (eds.), (2006) *Family Support as Reflective Practice.* London: Jessica Kingsley Publishers.

Dolan, P. & McGrath, B. (2006) 'Enhancing Support for Young People in Need: Reflections on Informal and Formal Sources of Help", em Dolan, P., Canavan, J. e Pinkerton, J. (eds.) *'Family Support as Reflective Practice'.* London: Jessica Kingsley Publishers.

Dolan, P. (2008) 'Prospective Possibilities for Building Resilience in Children, their Families and Communities', *Child Care in Practice,* 14 (1), pp. 83-91.

Dooley, B. & Fitzgerald, A. (2012) *My World Survey National Study of Youth Mental Health,* Headstrong - The National Centre for Youth Mental Health, Dublin: UCD, Escola de Psicologia.

Drugs.ie 'Drug and Alcohol Information Service' Disponível em: http://www.drugs.ie/services/ (Acesso: 17 de março de 2013).

Dulwich Centre Newsletter (1990) 'Colonisation and its Effects', The Family Centre, Lower Hut, Nova Zelândia, (1), pp. 21-32.

Erickson, E. (1951) *Childhood and Society,* Imago Publishing Company, Reimpressão, Londres: Triad/Granada Publishers, 1982.

Rede Europeia de Redução de Danos (2011) "Harm Reduction in Europe: Mapping coverage and civil society advocacy', Disponível em: http ://www.drugsandalcohol .ie/16312/1/EuroHRN CivilSociety.pdf (Acedido em: 4 de abril de 2013)

Falk, I. & Harrison, L. (1998) 'Community Learning and Social Capital: "just having a little chat"'', *Journal of Vocational Education and Training,* 50, (4), pp. 609-627.

Agência de Apoio à Família (2013) "Strategic Framework for Family Support within the Community Services Resource Centre Programme", Agência de Apoio à Família, Dublin: St Stephen's Green House, Earlsfort Terrace, Dublin 2.

Feinberg, M.E., Solmeyer, A.R. & McHale, S.M. (2012) 'The Third Rail of Family Systems: Sibling Relationships, Mental and Behavioural health, and Preventative Interventions in Childhood and Adolescence", *Clinical Child & Family Psychology Review,* 15, pp. 43-57.

Ferlander, S. (2007) 'The Importance of Different Forms of Social Capital for Health' *Ata Sociologica: Nordic Sociological Association,* 50 (2), pp. 115-128. Disponível em: www.sagepublications.com (Acedido em: 1 de dezembro de 2012).

Fisher, S.L., Bucholz, K.K. Reich, W. Fox, L. Kuperman, S. Kramer, J. Hesselbrock, V. Dick, D.M. Nurnberger Jr, J.I, Edenberg, H.J, & Bierut, L.J. (2006) 'Teenagers Are Right-Parents Do Not Know Much: An Analysis of Adolescent-Parent Agreement on Reports of Adolescent Substance Use, Abuse, and Dependence', *Alcoholism: Clinical and Experimental Research,* 30 (10), pp. 1699-1710.

Fontes, M.A., Bolla, K.I. Cunha, P.J. Almeida, P.P. Jungerman, F. Laranjeira, R.R. Bressan, R.A & Lacerda, A.L.T. (2011) 'Cannabis use before age 15 and subsequent executive functioning', *The British Journal of Psychiatry,* 198, pp. 442-447.

GAA/Cumann Luthchleas Gael (2012) "Guidelines for Responsible Serving of Alcohol in a GAA Club Setting", GAA/Cumann Luthchleas Gael, Dublin. Disponível em: http ://www.gaa.ie/clubzone/asap-pro gramme/ (Acedido em: 4 de abril de 2013).

Galaif, E.R., Newcomb, M.D. Vega, W.A. & Krell, R.D. (2007) 'Protective and Risk Influences of Drug Use Among a Multi-ethnic Sample of Adolescent Boys', *Journal of Drug Education,* 37 (3), pp. 249-276.

Garda (2012) Disponível em: http://www.garda.ie/Controller.aspx?Page=28 (Acedido em: 26th outubro, 2012).

Godeau, E., Vignes, C. Tom ter Bogt, M. Nic Gabhainn, S. & Navarro, F. (2007) "Cannabis use by 15-year-old schoolchildren: Data from the HBSC/WHO international survey I 32 western countries", *Alcoologie et Addictologie,* 29 (4), pp. 28s-34s.

Goldberg, R. (2012) *Addictive Behaviour in Children and Young Adults: The Struggle for Freedom (A luta pela liberdade),* Edimburgo: Floris Books.

Graham, M.L., Ward, B. Munro, G. Snow, P. & Ellis, J. (2006) 'Rural parents, teenagers and alcohol: What are parents thinking?", *Rural and Remote Health,* [em linha], disponível em: http://rrh.deakin.edu.au (acesso em 10 de setembro de 2012).

Guddemi, M. & Chase, B.J. (2004) 'Assessing Young Children', *Assessment Report, Pearson Education Inc.* pp. 2-7.

Guttannova, K., Bailey, J.A. Hill, K.G. Lee, J.O. Hawkins, J.D. Lacey Woods, M. & Catalano, R.F. (2011) 'Sensitive Periods for Adolescent Alcohol Use Initiation: Predicting the Lifetime Occurrence and Chronicity of Alcohol Problems in Adulthood" Journal of Studies on Alcohol and Drugs, (março), pp. 221-231

Hardiker, P., Exton, K. & Barker, M. (1991) *Policies and Practices in Preventative Care,* Aldershot: Avebury.

Harm Reduction International (2012) 'The Global State of Harm Reduction: Towards an Integrated Response", Harm Reduction International, Londres: Unit 2D12 South Bank Technopark, 90 London Road London SE1 6LN, Disponível em: www.ihra.net (Acedido em: 4 de abril de 2013).

Hartnett, G. (2012) *The Dynamics of Intervention with Adolescents ' and their Families,* Aislinn 1st National Conference, Springhill Court Hotel, Kilkenny, 18 - 19 de abril.

Hasse, T. & Pratsche, J. (2010) Risk and Protection Factors for Substance Use Among Young People, National Advisory Committee on Drugs, Dublin: The Stationery Office.

Healey, S., Reynolds, B. & Collins, M. (2011) *Socio-Economic Review 2011: A New and Fairer Ireland.* Dublin: Social Justice Ireland.

Heavyrunner-Rioux, A.R. & Hollist, D.R. (2010) 'Community, Family and Peer Influences on Alcohol, Marijuana and Illicit Drug Use Among a Sample of Native American Youth: An Analysis of Predictive Factors", *Journal of Ethnicity in Substance Abuse,* 9, pp. 260-283.

Hemphill, S.A., Heerde, J.A. Herrenkohl, T.I. Patton, G.C. Toumbourou, J.W. & Catalano, R.F. (2011) 'Factores de risco e proteção para o consumo de substâncias por adolescentes no Estado de Washington, nos Estados Unidos e em Victoria, na Austrália: A Longitudinal Study", *Journal of Adolescent Health,* 49, pp. 312-320.

Henderson, C.E., Dakof, G.A. Greenbaum, P.E. & Liddle, H.A. (2010) 'Eficácia da Terapia Familiar Multidimensional com Adolescentes que Usam Substâncias de Maior Gravidade': Report From Two Randomised Controlled Trials", *Journal of Consulting and Clinical Psychology,* 78 (6), pp. 885-897.

Hendriks, V., Van der Schee, E. & Blanken, P. (2011) "Treatment of adolescents' with cannabis use disorder: Main findings of a randomised controlled trial comparing multidimensional family therapy and cognitive behavioural therapy in the Netherlands", *Drug and Alcohol Dependence,* 119, pp. 64-71.

Herman-Stahl, M.A., Krebs, C.P. Kroutil, L.A. & Heller, D.C. (2006) 'Risk and Protective Factors for Nonmedical Use of Prescription Stimulants and Methamphetamine among Adolescents', *Journal of Adolescent Health,* 39, pp. 374380.

Hewitt Taylor, J. (2011) *Using Research in Practice,* Londres: Palgrave McMillan.

Hibell, B., Guttormsson, U. Ahlstrom, S. Balakireva, O. Bjarnason, T. Kokkevi, A. & Kraus, L. (2012) *The 2011 ESPAD report: substance use among students in 36 European countries.* Estocolmo: Conselho Sueco de Informação sobre Álcool e Outras Drogas (CAN) e Grupo Pompidou do Conselho da Europa.

Hibell, B., Andersson, B. Bjarnason, T. Kokkevi, A. Morgan, M. e Narusk, A. (1997) *The 1995 ESPAD Report: Alcohol and other drug use among students in 26 European countries.* Estocolmo: Conselho Sueco de Informação sobre o Álcool e outras Drogas.

Holmila, M., Karlsson, T. & Warpenius, K. (2010) 'Controlling teenager's drinking: Effects of a community-based prevention project", *Journal of Substance Use,* 15 (3), pp. 201-214.

HSE (2013a) 'Women's Health Project', Disponível em: http://www.hse.ie/eng/services/Find a Service/Sexualhealth/Women's Health Proje ct/ (Acedido em: 5 de abril de 2013)

HSE (2013b) 'The Gay Men's Health Service (GMHS)', Disponível em: http://www.hse.ie/eng/services/Find a Service/Sexualhealth/Gay Men's Health Ser vice/ (Acedido em: 5 de abril de 2013).

HSE (2013c) "HSE Dublin Mid-Leinster Regional Service Plan 2013", Disponível em: http : //hsenet.hse. ie/Communications/News and Events/Regional News/Dublin Mid _Leinster/dmlserviceplan2013.pdf (Acedido em: 5 de abril de 2013)

HSE (2012a) *Fourth Annual Child and Adolescent Mental Health Report,* Dublin: Health Service Executive, Disponível em: http://www.hse.ie/eng/services/Publications/services/Mentalhealth/camhs20112012.h tml (Acedido em: 8 de dezembro de 2012)

HSE (2012b) "HSE, Dublin Mid-Leinster, Regional Service Plan 2012", HSE, Dublin Mid-Leinster, Oak House, Millennium Park, Naas, Co. Kildare.

HSE (2011a) *Second Annual Child & Adolescent Mental Health Report 2009-2010, A Vision for Change Advancing Mental Health in Ireland.* Dublin: Health Service Executive. Disponível em: http://www.hse.ie/eng/services/Publications/services/Mentalhealth/camhs2010.pdf (Acedido em: 10 de setembro de 2012)

HSE (2011b) Dublin Mid-Leinster, Addiction Services, Addiction Services Policy on A Harm Reduction Programme (HRP), Dublin: HSE Addiction Service, Bridge House, Cherry Orchard Hospital.

HSE (2010) *'Child in Care Death Report, Child: Young Person B',* Health Service Executive.

HSE (2006) Health Service Executive, Dublin Mid-Leinster, Addiction Services, Addiction Services, Inventory of Policies & Procedures', Dublin: HSE Addiction Service, Bridge House, Cherry Orchard Hospital.

Irlanda, Ministério da Saúde (2012) "Steering Group Report on a National Substance Misuse Strategy", Dublin: Ministério da Saúde.

Irlanda, Department of Community, Rural and Gaeltacht Affairs (2009) "National Drug Strategy (Interim) 2009-2016", Dublin: Department of Community, Rural and Gaeltacht Affairs (Ministério dos Assuntos Comunitários, Rurais e das Regiões de Expressão Gaélica).

Irlanda, Ministério da Saúde e da Infância (2009) "European Schools Survey Project on Alcohol and Other Drugs (ESPAD) Results for ESPAD 2007 Ireland", Dublin: The Stationery Office.

Irlanda, Ministério da Saúde e da Infância (2005) "Report of the Working Group on Treatment of Under 18 year olds Presenting to Treatment Services with Serious Drug Problems", Dublin: The Stationery Office.

Irlanda, Centro Nacional de Documentação, Disponível em: http://www.drugsandalcohol.ie/tables/ (Acedido em: 16 de março de 2013).

Irlanda, The Probation Service (2012) Drug and alcohol misuse among adult offenders on probation supervision in Ireland: Findings from the drug and alcohol survey 2011 [Resultados do inquérito sobre drogas e álcool de 2011]. Navan: The Probation Service.

Irlanda, The Probation Service (2008) 'Strategy Statement 2008-2010', Dublin: The Probation Service.

Irlanda, Department of the Taoiseach (1997) "Second Report of the Ministerial Task Force on Measures to Reduce the Demand for Drugs", Dublin: Department of the Taoiseach.

Irlanda (1991) Child Care Act, Dublin: Stationery Office,

ISPCC (2010) "If they're Getting Loaded Why Can't I?", Disponível em: http://www.ispcc.ie/uploads/files/dir7/0 0.php (Acesso em: 26 de abril de 2013)

Jackson, C.A., Henderson, M. Frank, J.W. & Haw, S.J. (2012) 'An overview of prevention of multiple risk behaviour in adolescence and young people', *Journal of Public Health,* 34 (S1), pp. i31-i40.

Jarvis, T.J., Copeland, J. & Walton, L. (1998) "Exploring the nature of the relationship between child sexual abuse and substance use among women", *Addiction,* 93 (16), pp. 865-875.

Jensen, C.D., Cushing, C.C. Aylward, B.S. Craig, J.T. Sorell, D.M. & Steele, R.G. (2011) 'Effectiveness of Motivational Interviewing Interventions for Adolescent Substance Use Behavior Change: A Meta-Analytic Review", Journal of Consulting and Clinical Psychology, 79 (4), pp. 433-440.

Justice (2012) Asset - Young Offenders Assessment Profile, Ministério da Justiça, Reino Unido: Disponível em: http://www.justice.gov.uk/youth-justice/assessment/asset-young- offender-assessment (Acedido em: 2 de novembro de 2012).

Keenan, E. (1999) "Treatment challenges in adolescent drug users", *Journal of Health Gain,* 3 (3) pp. 3-6.

Kelly, C., Gavin, A. Molcho, M. & Nic Gabhainn, S. (2012) *The Irish Health Behaviour in school-aged Children (HBSC) Study 2010,* Galway: Health Promotion Research Centre, National University of Ireland.

Kilgus, M.D. & Pumariega, A.J. (2009) 'Psychopathology in Cocaine-abusing Adolescents', *Addictive Disorders & Their Treatment,* 8 (3), pp. 138-144.

Kirby, J., Van der Sluijs, W. & Inchley, J. (2008) 'Young People and Substance Use: The influence of personal, social and environmental factors on substance use among adolescent's in Scotland', Child and Adolescent Health Research Unit (CAHRU) University of Edinburgh

Kloep, M., Hendry, L.B. Ingebrigtsen, J.E. Glendinning, A. & Espnes G.A. (2001) "Young people in 'drinking' societies? Norwegian, Scottish and Swedish adolescents' perceptions of alcohol use", *Health Education Research,* 16 (3), pp. 279-291.

Kumfer, K.L. (1999) 'Strengthening American Families: Exemplary Parenting and

Family Strategies for Delinquency Prevention", USA: Department of Justice, Office of Justice Programmes, Office of Juvenile Justice and Delinquency Prevention.

Larner, G. (2004) 'Family therapy and the politics of evidence', *Journal of Family Therapy,* 26, pp. 17-39.

Levin, K.A., Kirby, J. & Currie, C. (2011) "Adolescent risk behaviours and mealtime routines: does family meal frequency alter the association between family structure and risk behaviour?", *Health Education Research,* pp. 1-12.

Liddle, H.A., Rodriguez, R.A. Dakof, G.A. Kanzki, .E. & Marvel, F.A. (2005) 'Multidimensional Family Therapy: A Science-Based Treatment for Adolescent Drug Abuse', in Lebow, J. (ed), *Handbook of clinical family therapy,* New York: John Wiley & Sons.

Long, J. & Horgan, J. (2012) "Drug use by the general population, by regional drug task force area"*, drug net Ireland, Alcohol and Drug Research Newsletter,* Dublin: Health Research Board, 43 (3), pp. 24-26.

Low, S., Shortt, J.W. & Snyder, J. (2012) 'Sibling influences on adolescent substance use: The role of modelling, collusion, and conflict", *Development and Psychopathology,* 24, pp. 287-300.

Mares, S.H., Lichtwarck-Aschoff, A. Burk, W.J. Van der Vorst, H. & Engels, R.C. (2012) 'Parental alcohol-specific rules and alcohol use from early adolescence to young adulthood' *Journal of Child Psychology and Psychiatry,* 53 (7), pp. 798-805

Mayock, P. (2000) "Choosers or Losers? Influences on Young People's Choices about Drugs in Inner-City Dublin", Dublin: The Children's Research Centre, Trinity College.

McAuley, C., Pecora, P.J. & Rose, W. (eds.) (2006) *'Enhancing the Well-being of Children and Families through Effective Interventions: International Evidence for Practice'* Londres: Jessica Kingsley, Publishers.

McCrystal, P., Higgins, K. & Percy, A. (2006) "Brief Report: School exclusion drug use and delinquency in adolescence", *Journal of Adolescence,* 29, pp. 829-836.

McCrystal, P., Higgins, K. & Percy, A. (2006) 'Substance Abuse Among 12 and 13 Year Old Young People in Belfast at a High Risk of Developing Problem Drug Use', Child Care in Practice, 11(3), pp. 313-321. Disponível em www.drugsandalcohol.ie (Acedido em: 20 de janeiro de 2013).

McKeown, K. (2000) 'a guide to what works in family support services for vulnerable families'. Investigação realizada para Springboard Family Support Initiative, Social and Economic Research Consultant, 16 Hollybank Road, Drumcondra, Dublin 9, E-mail: kmckeown@iol.ie.

Mendes, F., Relvas, A.P. Olaio, A. Rovira, M. Broyer, G. Pietralunga, S. Borhn, K. & Recio J.L. (2001) 'Family: the challenge of prevention of drug use', IREFREA & EU Commission. Disponível em: www.irefrea.org (Acedido em: 28 de agosto de 2012)

Mendes, F. & Relvas, A.P. (1999) 'Family Relationships and Primary Prevention of Drug Use in Early Adolescence', IREFREA & EU Commission, www.irefrea.org (Acesso em: 28 de agosto de 2012)

Menghrajani, K.K., Dubios-Arber, F. & Michaud, P.A. (2005) "Swiss adolescents' and adults' perceptions of cannabis use: a qualitative study", *Health Education Research,* 20 (4), pp. 476-484.

Merchants Quay Ireland (2013) Disponível em: http://www.mqi. ie/ (Acedido em: 7 de abril de 2013)

Miller, S.D. & Duncan, B.L. (2000) 'Paradise lost: from model-driven to client-directed, outcome-informed clinical work', *Journal of Systemic Therapies,* 19, pp. 20-35.

Moeller, G.F. & Dougherty, D.M. (2002) Impulsivity and Substance Abuse: What is the Connection?", *Addictive Disorders & Their Treatment,* 1 (1), pp. 3-10.

Mongan, D. (2012) "Non-fatal overdoses and drug-related emergencies 2010", *Drug-net Ireland, Alcohol and Drug Research Newsletter,* 43, pp. 17-18.

Morgan, K., McGee, H. Watson, D. Perry, I. Barry, M. Shelley, E. Harrington, J. Molcho, M. Layte, R. Tully, N. van Lente, E. Ward, M. Lutomski, J. Conroy R, & Brugha, R. (2008). SLAN 2007: Survey of Lifestyle, Attitudes & Nutrition in Ireland (Inquérito ao estilo de vida, atitudes e nutrição na Irlanda). Main Report, Dublin: Ministério da Saúde e da Infância.

Murray, D. (2011) Challenge & Change' *National Drugs Conference of Ireland 2011,* Dublin, 3-4 de novembro, Radisson Blu Royal Hotel, Golden Lane, Dublin, Disponível em: http: //www.drugs.ie/multimedia/video/national_drug conference_2011 _denis_murra y (Acesso em 30 de novembro de 2012).

NACD (2011a) "Drug Use Prevention an Overview of Research", Comité Consultivo Nacional sobre Drogas, Dublin: The Stationery Office.

NACD (2011b) "Parental Substance Misuse: Addressing its Impact on Children", Comité Consultivo Nacional sobre Drogas, Dublin: The Stationery Office.

NACD (2004a) "The Role of Family Support Services in Drug Prevention", National Advisory Committee on Drugs, Dublin: The Stationery Office.

NCAD (2004b) 'A Review of Harm Reduction Approaches in Ireland and Evidence from the International Literature', Dublin: The Stationery Office.

Naidoo, J. & Wills, J. (2009) *Foundations for Health Promotion,* 3rd edn, Edinburgh: Publicações Elsevier.

National Suicide Research Foundation (2012) 'First Report of the Suicide Support and Information System', The National Suicide Research Foundation, 1 Perrott Avenue, College Rd, Cork, Disponível em: www.nsrf.ie (Acesso em: 2 de janeiro de 2012).

Nelson, L.J. & McNamara Barry, C. (2005) 'Distinguishing Features of Emerging Adulthood: The Role of Self-Classification as an Adult", *Journal of Adolescent Research,* 20 (2), pp. 242-262

NHS (2007) 'Assessing young people for substance misuse', Reino Unido: National Treatment Agency for Substance Misuse.

Norbeck, J. (1981) "Social support: A model for clinical research and application", *Advances in Nursing Science*, 3 (4), pp. 43-59.

Norem-Hebeisen, A. & Hedin, D.P. (1983) 'Influences on Adolescent Problem Behavior: Causes, Connections, and Context', em Isralowitz, R. & Singer, M, (eds.) Adolescent Substance Abuse, New York: The Haworth Press.

North Yorkshire Council (2012) Common Assessment Framework (Quadro de Avaliação Comum), disponível em: http:Zwww.northyorks.gov.uk/CAF (Acesso em: 2 de novembro de 2012).

O'Brien, M. & Moran, R. (1998) Overview of drug issues in Ireland 1997: A resource document, Dublin: Health Research Board.

OCDE (2011) OECD Health Data, 2011, Disponível em: http://stats.oecd.org/index.aspx?DataSetCode=HEALTH_STAT (Acedido em: 12 de março de 2013).

Pearson, J. & Shiner, M. (2002) 'Rethinking the generation gap: Attitudes to illicit drugs among young people and adults", *Criminal Justice,* 2 (1), pp. 71-86.

Peterson, J. (2010) 'A Qualitative Comparison of Parent and Adolescent Views Regarding Substance Use', *Journal of School of Nursing,* 26 (1), pp. 53-64.

Percy, A., Thornton, M. & McCrystal, P. (2008) "The Extent and Nature of Family Alcohol and Drug Use: Findings from the Belfast Youth Development Study", *Child Abuse Review,* 17, pp. 371-386.

Percy, A., McAllister, S. Higgins, K. McCrystal, P. & Thornton, M. (2005) "Response consistency in young adolescents' drug use self-reports: a recanting rate analysis" *Addiction,* 100 (2), pp. 189-106.

Pike, B. (2012) 'Deaths among children and young people in state care, after care or known to the HSE', *drug net Ireland, Alcohol and Drug Research Newsletter,* 43 (3), pp. 12-13 Disponível em: www.drugsandalcohol.ie (Acedido em: 12 de dezembro de 2012).

Pinkerton, J. (2006) 'Reframing Practice as Family Support: Leaving Care' in Dolan, P., Canavan, J. & Pinkerton, J. (eds.) *Family Support as Reflective Practice*. London: Jessica Kingsley Publishers.

Pokhrel, P., Unger, J.B. Wagner, K.D. Ritt-Olson, A. & Sussman, S. (2008) Effects of Parental Monitoring, Parent-Child Communication, and Parents' Expectation of the Child's Acculturation on the Substance Use Behaviours of Urban Hispanic Adolescents', *Journal of Ethnicity in Substance Abuse,* 7 (2), pp. 200-213.

Public Health Agency, Health and Social Care Board (2009) "Hidden harm action plan: Responding to the needs of children born to and living with parental alcohol and drug misuse in Northern Ireland", Department of Health, Social Services and Public Safety, Belfast. Disponível em: http:ZZwww.drugsandalcohol.ie/15570Z1Znorthern-ireland-hidden-harm-action-plan- public-health-agency-and-the-health-and-social-care-board-october-2009.pdf (Acesso em: 18 de abril de 2013)

Pumariega, A.J., Rodriguez, L. e Kilgus, M.D. (2004) 'Substance Abuse Among Adolescents': Current Perspectives", *Addictive Disorders & Their Treatment,* 3 (4), pp. 145-155.

Radnedge, A. (2013) "Set standard drinking age to save children", Dublin: *Metro Herald,* 7 de maio, p. 10.

Resnick, M.D., Bearman, P.S. Blum, R.W. Bauman, K.E. Harris, K.M. Jones, J. Tabor J. Beuhring, T. Sieving, R.E. Shew, M. Ireland, M. Bearinger, L.H. & Udry, R. (1997) 'Protecting Adolescents' From Harm', *Journal of American Medical Association,* 278 (10), pp. 823-832.

Robson, C. (2011) *Real World Research,* 3rd edn, West Sussex: John Wiley & Sons Ltd.

Rose, W. (2006) "Child welfare in the UK: Legislation, Policy and Practice", em McAuley, C., Pecora, PJ. & Rose, W. (eds.) *Enhancing the Well-being of Children and Families through Effective Interventions: International Evidence for Practice,* Londres: Jessica Kingsley, Publishers.

Rutter, M. (1984) *Helping Troubled Children.* 7th edn, Middlesex: Penguin Books Ltd.

Ryan, S.M., Jorm, A.F. e Lubman, D.I. (2010) "Parenting factors associated with reduced adolescent alcohol use: a systematic review of longitudinal studies", *The Australian and New Zealand Journal of Psychiatry,* 44, pp. 774-783.

SAMSHA (2012) Um Guia de Ação Comunitária: Supporting Infants, Toddlers and

Families Impacted by Caregiver Mental Health Problems, Substance Abuse and Trauma, U.S: Department of Health and Human Services Substance Abuse and Mental Health Services, Administration office of Policy, Planning and Innovation. Disponível em: http://store.samhsa.gov/shin/content/SMA12-4726/SMA12-4726.pdf (Acedido em: 12 de novembro de 2012).

Saris, J. & O'Reilly, F. (2009) 'A Dizzying Array of Substances: An Ethnographic Study of Drug Use In the Canal Communities Area". Dublin: Um relatório final para o Grupo de Ação Local contra a Droga das Comunidades do Canal.

Saris, J. A., Bartley, B. Kearns, C. & Breathnach, C. (2001) Social Exclusion and Local Responses: *Life-Histories of Drug Users and Drugs Use in Ballyfermot and Cherry Orchard.* Universidade Nacional da Irlanda, Maynooth

Saunders, S.M., Resnick, M.D. Hoberman, H.M. & Blum, R.W. (1994) 'Formal Help-Seeking Behaviour of Adolescent's Identifying Themselves as Having Mental Health Problems', *Journal of American Academy Child and Adolescent Psychiatry,* 33 (5), pp. 718-728.

Sedlock, D.A. (1983) 'Setting the Stage for Addiction', em Isralowitz, R. & Singer, M. (eds.) *Adolescent Substance Abuse,* New York: The Haworth Press.

Shannon, G. (2013) *Referendo das Crianças: Implicações.* [Palestra para o MA Life course Studies 2, Universidade Nacional da Irlanda Galway], 10 de janeiro.

Shannon, G. e Gibbons, N. (2012) *Report of the independent child death review group 2000-2010.* Dublin: Publicações do Governo. Disponível em www.drugsandalcohol.ie/17774 (Acedido: 16 de março de 2013).

Shekhtmeyster, Z., Sharkey, J. & You, S. (2011) 'The Influence of Multiple Ecological Assets on Substance Use Patterns of Diverse Adolescents', *School Psychology Review,* 40 (3), pp. 386-404.

Sigman, A. (2013) "Set standard drinking age for children", *Metro Herald,* 7 de maio, p.10.

Simons-Morton, B. (2007) "Social Influences on Adolescent Substance Use", *American Journal of Health Behaviour,* 31 (6), pp. 672-684.

Smyth, B.P., Keenan, E. & O'Connor, J.J. (1998) 'Bloodborne viral infection in Irish injecting drug users', *Addiction,* 93 (11), pp. 1649-1656, Disponível em: www.drugsandalcohol.ie (Acesso em: 17 de março de 2013).

Stein, J.A., Newcomb, M.D. & Bentler, P.M. (1987) 'An 8-Year Study of Multiple Influences on Drug Use and Drug Use Consequences', *Journal of Personality and Social Psychology,* 53 (6), pp. 1094-1105.

St Vincent de Paul (2013) Helping People Manage their Energy Arrears, Disponível em: http://www.svp.ie/News/Latest-News/Helping-People-to-Manage-their-Energy-Arrears.aspx (Acedido em: 22 de abril de 2013).

Stone, A.L., Becker, L.G. Huber, A.M. & Catalano, R.F. (2012) 'Review of risk and protective factors of substance use and problem use in emerging adulthood', *Addictive Behaviour,* 37, pp. 747-773.

Subotsky, F. (2003) 'Clinical risk management and child mental health', *Advances in Psychiatric Treatment,* 9, pp. 319-326, Disponível em http://apt.rcpsych.org/content/9/5/319#BIBL (Acesso em: 12 de dezembro de 2012).

Sussman, S., Skara, S. Rodriguez, Y. & Pokhrel, P. (2006) 'Non Drug Use-and Drug Use-Specific Spirituality as One-Year Predictor of Drug Use Among High-Risk Youth', *Substance Use & Misuse,* 41, pp. 1801-1816.

The Drug Treatment Centre Board, (2000) Annual Report, Dublin, The Drug Treatment Centre Board.

The Royal College of Physicians of Ireland (2013) Reducing Alcohol Health Harm in Ireland: RCPI Policy Group on Alcohol launches first policy statement, Disponível em: http://www.rcpi.ie/article.php?locID=1.11.30&itemID=388 (Acesso em: 24 de abril de 2013).

O Governo escocês (2011) *Framework for Risk Assessment Management and Evaluation (FRAME) Planning for Local Authorities and partners For Children and Young People under 18 Young People Who Offend (Managing High Risk and Transitions),* Edimburgo: O Governo Escocês. Disponível em: www.scotland.gov.uk (Acedido em 20 de setembro de 2012).

Thomas, G. (2011) *How to do your Research Project,* 7th edn, Londres: Sage Publications

Treadway, D.C. (1989) *Before It's Too Late,* Nova Iorque: W.W. Norton & Company.

Reino Unido, Departamento de Educação e Proteção da Criança (2011) *Munro Review: Final Report,* Disponível em: https://www.gov.uk/government/uploads/system/uploads/attachment_data/file/17539 1/Munro-Review.pdf (Acedido em: 20 de janeiro de 2012).

Vandall-Waker, V.A. (2002) 'Nursing Support with Family Members of the Critically Ill: A Framework to Guide Practice', em Young, L.E. & Hayse, V. (eds.)

Transforming Health Promotion Practice: Concepts, Issues, and Applications, Philadelphia: F.A. Davis Company.

Vitale, A. & Smyth, B. (2004) 'Pathways to Treatment: Improving Drug Treatment

Services for Young People", Dublin: The Drug Treatment Centre Board Research Department.

Watters, N. & Byrne, D. (2004) *The Role of Family Support Services in Drug Prevention: A Report for the National Advisory Committee on Drugs,* Dublin: The Stationery Office.

Wei, C.C., Heckman, B.D. Gray, J. & Weeks, J. (2011) 'Correlates of motivation to change in adolescents' completing residential substance use treatment', *Journal of Substance Abuse Treatment,* 40, pp. 272-280.

White, M. & Epston, D. (1990) *Narrative Means to Therapeutic Ends,* New York-London: W.W. Norton & Company.

Williams, J., Greene S. Doyle, E. Harris E. Layte, R. McCoy, S. (2009) *Growing up in Ireland: national longitudinal study: The lives of 9-year-olds, child cohort.* Relatório 1. Dublin: Stationery Office.

Woolcook, M. (1998) "Social Capital and Economic Development: Towards a Theoretical Synthesis and Policy Framework", *Theory and Society* 27: 151-208.

Organização Mundial de Saúde (2007) Comité de peritos da OMS sobre problemas relacionados com o consumo de álcool. Genebra: Autor.

Organização Mundial de Saúde (2004) *Young people's health in context, Health Behaviour in School-age Children (HBSC) study: international report from the 2001/2002 survey,* editado por Currie, C., Roberts, C. Morgan, A. Smith, R. Settertouboutte, W. Samdal, O, & Rasmussen, V.B. WHO Regional Office for Europe, Scherfiigsvev, Denmark.

Organização Mundial de Saúde (1986) *Carta de Otava para a Promoção da Saúde.* OMS: Genebra.

Wright, D.A., Bobashev, G. & Folsom, R. (2007) 'Understanding the Relative Influence of Neighborhood, Family, and Youth on Adolescent Drug Use', *Substance Use & Misuse,* 42 (14), pp. 2159-2171.

Youth Work Ireland Cork (2011) "Youth work as a response to drug use issues in the community. A report on the Gurranabraher-Churchfield Drugs Outreach Project: profile, evaluation, and future development". Disponível em:

http://ywicork.com/drugsproject/index.htm (Acedido em: 4 de abril de 2013).

Zeitlin, H. & Swadi, H. (1991) 'Adolescence: the genesis of addiction', in Glass, I.B. (ed.) *The international handbook of addiction behaviour,* London & New York: Tavistock/Routledge Publishers.

APÊNDICES

Apêndice: A

Lista dos profissionais que participaram nas entrevistas

Enfermeiro clínico especialista (CAMHS)

Responsável pela educação e bem-estar

Trabalhador de apoio à família

Oficial de ligação casa-escola

Oficial de ligação juvenil

Trabalhador de proximidade no domínio da droga para jovens

Agente de liberdade condicional

Psiquiatra

Psicólogo

Assistente social

Professor

Animador de juventude

Apêndice: B
Questionário

N.º de referência   Data: 23ª janeiro de 2013

Questionário

Título da dissertação: Compreensão dos profissionais sobre os factores de risco de abuso de substâncias por jovens de comunidades urbanas e abordagens de intervenção

1. Com que grupos etários trabalha o seu serviço? (Assinale todas as categorias etárias relevantes)

0-5 anos de idade ▣   5-10 anos de idade □   10-15 anos □   15-18 anos □   Mais de 18 anos □

2. Qual das seguintes actividades reflecte melhor o seu trabalho? (Assinale apenas uma casa ou especifique outra categoria)

Apoio à família □	Trabalho social □	Trabalho com jovens □ Professor □	Conselheiro □
Psiquiatra □	Treinador □	Justiça juvenil B Psicólogo □	Trabalhador de proximidade □
Agente de liberdade condicional □	Enfermeira □	Outros (especificar)	

3. Segundo a sua experiência, com que idade é que os jovens que recorrem ao vosso serviço começam a experimentar substâncias?

Menos de 10 anos □ Idade 10-12 □ Idade 12-14 □ Idade 14-16 □ Idade 16-18 □

4. No decurso do seu trabalho com os jovens, são levantadas por si questões relacionadas com o abuso de substâncias? (Assinale uma das caixas abaixo que melhor reflecte a prática da sua agência)

Sempre □ Frequentemente □ Ocasionalmente □ Nunca □

5. De entre os jovens que frequentam o seu serviço, que percentagem estima que possa estar envolvida em consumo abusivo de substâncias?

Menos de 10% ☐1 0-25% ☐   25-50%   ☐ 50-75% ☐   75-100% ☐

6.   Na sua experiência, quais são as circunstâncias que podem levar os jovens a iniciar o consumo de substâncias?

____

Nas perguntas seguintes, ser-lhe-á pedido que exprima a sua opinião. Assinale uma das caixas que melhor reflecte a sua opinião.

7.   "É natural que os jovens no início da adolescência tenham curiosidade sobre os efeitos do **álcool**. É aceitável que experimentem"?

Concordo totalmente ☐ Concordo parcialmente ☐ Não tenho a certeza ☐ Discordo parcialmente ☐ Discordo totalmente ☐

8.   "É natural que os jovens no início da adolescência tenham curiosidade sobre os efeitos das **drogas**. É aceitável que experimentem"?

Concordo totalmente ☐ Concordo parcialmente ☐ Não tenho a certeza ☐ Discordo parcialmente ☐ Discordo totalmente ☐

9.   "Os jovens que se envolvem em consumo indevido de substâncias antes dos 16 anos correm maior risco de ter problemas relacionados com o consumo de substâncias ao longo da vida"?

Concordo totalmente ☐ Concordo parcialmente ☐ Não tenho a certeza ☐ Discordo parcialmente ☐ Discordo totalmente ☐

Por favor, vire para completar o questionário

10. Na sua experiência, quais são as substâncias mais regularmente utilizadas atualmente pelos jovens que recorrem ao seu serviço?

(Por favor, classifique por ordem, sendo o n.º 1 o mais utilizado)

Êxtase ☐	Álcool ☐	Cocaína ☐	Cannabis ☐	Anfetaminas ☐	Benzodiazepinas ☐
Heroína ☐	LSD ☐	Solventes ☐	Cetamina ☐	Outros ______________	

11.   Se tivesse conhecimento de que o abuso de substâncias era um problema para um jovem, o que faria e por que ordem? (Por favor, numere as caixas relevantes, sendo a n.º 1 a mais significativa)

Discutir com o jovem ☐	Apoiá-los dentro da organização ☐	Consultar um colega ☐
Encaminhar para o serviço de toxicodependência ☐	Incentivar o jovem a procurar ajuda ☐	Discutir com os pais ☐
Consultar o serviço de toxicodependência ☐	Ignorem o que eles podem fazer e parem ☐	Encaminhar para o Serviço Social ☐
Encaminhar para o Serviço de Saúde Mental para Adolescentes ☐	Other action_____________________	

12.   Na sua experiência, quais são as intervenções mais úteis com jovens com menos de 18 anos que consomem regularmente substâncias e que podem ter desenvolvido dependência de substâncias? (Por favor, classifique por ordem, sendo a n.º 1 a mais útil)

Abordagem de reforço comunitário para adolescentes	
Entrevista motivacional	
Terapia cognitivo-comportamental	
Intervenção médica	
Terapia familiar/sistémica	
Tratamento residencial de drogas	
Programa de Reforço das Famílias	
Aconselhamento individual	

13.   Segue-se uma lista de tipos de serviços na sua área de influência. Para quais destes serviços é mais provável que encaminhe um jovem que esteja a consumir substâncias ilícitas e por que ordem? (Por favor, numere as caixas relevantes, sendo o n.º 1 o mais significativo)

Serviço de Saúde Mental para Crianças e Adolescentes (CAMHS)	
Serviço para jovens	
Projeto de delinquência juvenil	
Serviço de apoio à toxicodependência	
Serviço de Ação Social	
Serviço de apoio à família	
Projeto de educação/formação alternativa	
Serviços psicológicos	
Reuniões dos AA	

14. Há mais alguma coisa que gostaria de acrescentar?

Obrigado por dedicar algum tempo ao preenchimento deste questionário.

Devolver no envelope endereçado e carimbado fornecido.

Denis Murray, Bridge House, Cherry Orchard Hospital, Dublin 10.

Apêndice: C
Horário da entrevista

1. Estou aqui com o entrevistado número __________ em relação à investigação sobre a compreensão dos profissionais sobre os factores de risco de abuso de substâncias por parte dos jovens nas comunidades urbanas e as abordagens de intervenção. É muito bem-vindo e agradeço o facto de ter concordado em entrevistar

2. Para que conste, como descreveria a função principal do seu trabalho?

3. Na sua experiência, com que idade é que os jovens começam a experimentar substâncias?

4. Na sua experiência, quais são as substâncias mais regularmente utilizadas pelos jovens atualmente?

5. No decurso do seu trabalho com os jovens, foram levantadas questões relacionadas com o abuso de substâncias?

6. De entre os jovens que frequentam o seu serviço, que percentagem pensa que está envolvida no consumo abusivo de substâncias?

7. O que pensa em relação ao início precoce da utilização indevida de substâncias e à experimentação?

8. Na sua experiência, quais são as circunstâncias que fazem com que os jovens estejam em maior risco de iniciar o consumo de substâncias?

9. Porque é que o abuso de substâncias por parte de alguns jovens passa despercebido até ocorrer uma crise?

10. Se tivesse conhecimento de que o abuso de substâncias era um problema para um jovem, o que poderia fazer?

11. Na sua experiência, quais são as intervenções consideradas mais eficazes com jovens que abusam regularmente de substâncias e que podem ter desenvolvido dependência de substâncias?

12. Para que tipo de serviços é mais provável que encaminhe um jovem que está a consumir substâncias ilícitas?

Buy your books fast and straightforward online - at one of world's fastest growing online book stores! Environmentally sound due to Print-on-Demand technologies.

Buy your books online at
www.morebooks.shop

Compre os seus livros mais rápido e diretamente na internet, em uma das livrarias on-line com o maior crescimento no mundo! Produção que protege o meio ambiente através das tecnologias de impressão sob demanda.

Compre os seus livros on-line em
www.morebooks.shop